中公新書 2574

多湖　淳著

戦争とは何か

国際政治学の挑戦

中央公論新社刊

はじめに

戦争はなぜはじまるのか。
そして、どうすれば終わるのだろうか。
また、平和はどうしたらつくりだせるのだろうか。

戦争の原因がわかれば、発生も予測でき、未然に防止できるかもしれない。また、戦争の終わらせ方を解明できれば、長期化を食い止め、早期に平和をもたらすことができる。

一九四一年一二月の日本。圧倒的な国力差のために勝利は難しいと知っていたが、アメリカ合衆国との交渉を断念し、ハワイの真珠湾や英国領・香港、同・マレー半島を攻撃し、戦争にいたった。

それから五〇年後の一九九一年一月、中東。アメリカ合衆国は多国籍軍の国々とともに、クウェート解放のためイラク軍へ攻撃を開始した。さまざまなかたちで交渉による事態打開の試みがなされたが、なぜ日本とアメリカ合衆国、そしてイラクとアメリカ合衆国の交渉は失敗し、国家間の戦争になってしまったのだろうか。

もちろん戦争は国家間だけに限定されない。国内で発生する内戦も、のちほど説明する戦争のデータの大きな割合を占める。しかも一九九〇年以降、国家間戦争は減り、内戦の数が増えている。内戦も交渉の失敗として理解できるのだろうか。仮に交渉の失敗として理解できるとしたとき、なぜ長引く内戦と短期間で終了する内戦があるのだろうか。こういった戦争の原因を特定できれば、一般的に戦争が起きてしまう傾向を分析し、ひいては予測も可能になるし、平和を生む条件を語ることもできる。

本書は、戦争と平和について、理論とデータを用いた科学的な分析を行うものであり、それは今日の欧米における国際政治学では主流派のアプローチである。そういった科学的な国際政治学では、戦争は一つひとつが個別具体的な出来事で一般化できないと言ってあきらめるのではなく、戦争が起きるのには一般化できる理由があると考える。そしてデータの質が高まるにつれて戦争の予測が可能だととらえる。言い換えれば、戦争には共通する複数の原因があって、それをデータと理論で可視化していくという思想である。

ここでの「科学的」とは、原因と結果を論理的につないで示した因果関係のメカニズムを「理論」として明らかにし、かつ、その理論について客観的な根拠となる「データ」を示すことを条件とする。前者は、ある要因が現象の発生にどうしてつながるのかを法則的、一般的に説明できる利点がある。後者は、データが作られた過程を透明性の高いかたちで示し、しかもデータそのものの公開を通じて、根拠を他者が確かめて再検討・再現できることが利点である。議論の妥当性について客観的な評価を可能にしたのが科学的な国際政治学であり、それが重要な特徴である。

本書の構成は以下の通りである。

序章では、戦争と平和をめぐる科学的研究の歴史的経緯を簡単に説明したうえで、本書で用いる言葉の定義をしておこう。そして、解き明かすべき戦争と平和をめぐるいくつかの問いを示す。

第1章では、この本を読むために必要な基礎知識を提示する。本書がたびたび依拠する考え方を紹介し、そして方法論の簡単な解説を加える。

第2章では、国家間戦争がなぜ起こるのかに焦点をあてて、いわゆる合理的戦争原因論として知られている議論を説明する。国際社会には国内社会とは違って、中央政府がない。これを国際政治学ではアナーキーという言葉で表現する。誰も強制力を独占していないアナーキーな国際社会で、国家は外交交渉よりもコストがかかる戦争という紛争解決手段をなぜ選んでしまうのかを説明する。

続く第3章では、いくつかの平和論の紹介を通じて、戦争をしないという意味での「平和が起こる」条件を説明する。具体的には、政治体制、経済の相互依存、報道の自由、そして国際介入といったキーワードから検討していく。

第4章では、内戦の原因について説明を試みる。内戦も国家間戦争と同じ論理で説明ができることを示したうえで、「資源の呪い」や不平等といった内戦の原因として、たびたびあげられる要因を解説する。そして、長引いてしまう内戦と短期間で終結する内戦の違いを浮かび上がらせる。

第5章と第6章は、ここまでの議論を踏まえた応用編として書かれている。

まず第5章は、日本をめぐる安全保障問題に的を絞り、科学的な国際政治学がもたらす示唆をまとめ、その知見を整理する。

第6章では、将来の世界がどのくらい戦争の発生リスクにさらされるのかを、最新の研究が提示する戦争予測のデータ分析を紹介するかたちで説明したい。

これ以後、科学的な戦争研究という用語を用いるが、英語では「scientific study of war」であり、それは戦争を起こさないという意味での平和も対象にする学問である。これからその研究の蓄積を生かし、戦争とは何かを探っていくとしよう。

なお、巻末にはより詳しく科学的な戦争研究について知りたい読者のため、補遺を設けてあるので適宜参照いただきたい。

本書を読むことで、読者がより客観的に、かつ根拠をともなって、国際関係や日本の対外政策を考えることが可能になればと願っている。そして印象論やイデオロギー、古典的な国際政治学の典型的な思考体系であるイズム（詳しくは序章で解説する）を超え、平和のために何ができるのかを、説得的かつ冷静に論じられる人が増えれば、その狙いが達成されたと言えよう。

目次

図表作成：山田信也（スタジオ・ポット）

戦争とは何か

序章　戦争と平和をどのように論じるべきか

1　定義の試み

科学的な戦争研究で一般的に使われている戦争（war）と平和（peace）の定義を紹介しよう。

戦争は数えられる

戦争は二つ以上の政治的な意思決定を行うアクター（集団）が組織的に暴力を用い、継続的に対立している状態だと考えられている。すなわち国同士、もしくは一国の政府とその政府以外の反政府勢力が、組織的、継続的に戦闘しているのが戦争である。英語で単数形（war）と複数形（wars）の区別があるように、数えることができる。

戦争には何かしらの対立が埋め込まれている。よって、アクターの間に見解が一致していない事柄が存在する。領土の境界線の画定問題はいい例であろう。場合によっては、大量破壊兵器の保有と放棄といった政策の違いも対立を生み出す。また、政治体制の違いも対立の原因になる。ここで、さらに戦争の条件を満たすには、見解の不一致の存在とともに、組織的な暴力の使用が必要になる。

自衛隊を含め、組織的に暴力手段を備える実力集団で、かつその力を国境を越えて行使しうるものは、軍ないし軍隊と呼ばれる。対立をめぐって軍が関与することは、戦争を構成する必須の要素だ。ただし、単に軍隊が訓練や戦闘の準備をするだけでは、戦争であるとは考えられない。戦争には、物理的な実力集団同士の衝突と実際の暴力の行使が必要になる。軍同士が問題をめぐって臨戦態勢になっているだけでは戦争と言わない。

さて、この定義の妥当性を考えるにあたって、われわれが一般的に戦争と呼んでいるものが、ここに含まれるのかを見ていくとよい。二つの世界大戦は、この定義に合致する。ベトナム戦争やシリア内戦も戦争と呼べるだろう。

しかし、いわゆる米ソの「冷戦」はどうだろうか。先の定義に照らせば、冷戦は戦争に含まれない。冷戦中には米ソの影響下にある国での代理戦争は多く発生しており、また米ソの間では戦争一歩手前の危機はあったが、両者の間で直接、大規模で組織的な暴力の行使は起きなかった。よって、冷戦中も、米ソ関係は大規模な戦闘がなかったという意味では平和だったことになる。この見解に異論もあるだろうが、科学的な戦争研究では狭い意味での戦争を扱っていることを理解してほしい。

平和は数えられる？

戦争に比べて平和の定義は難しい。

たとえば、対立がない状態を平和と呼べるだろうか。たしかに対立がなければ戦争ではないのは明らかである。一見すると妥当な定義のようにも思えるかもしれない。しかし、人々の好みや考え方に多様性がある限り意見や立場の相違は生まれ、そして資源に限りがある以上は、争いは何かしらのかたちで生じる。ゆえに、「対立のない状態」の実現はとても難しい。

したがって仮に、対立がまったくない状態を平和と仮定した場合、その範囲はきわめて狭いものになり、戦争と平和の間にある「定義しえない状態」が国家間の関係の大半を占めてしまう。われわれは通常、国家間には争いごとがあっても戦争にはなっていないと考える。交渉や国際裁判を通じた平和的な争いは可能で、事実それが多くの国際関係を占めている。つまり、対立は必然的には戦争を意味しないのであり、ゆえに対立はあるものの戦争がない状態を平和に含むと考える。

以上のような考え方にもとづいて、科学的な戦争研究では、一定の対立があるものの暴力が用いられていない状態も平和に含む。そのため、話し合いでの対立の解消や、または対立をいったん忘れておく「棚上げ」は、平和の一部と考えるのが通例だ。そのほうが社会状態の区分としても便利である。

しかも、暴力をふるって対立を解決するケースが、いつ・どのような条件によるのかを知るには、単なる対立の存否を境界線に使えない。むしろ、組織的・継続的・一定の強度の暴力が使われている場合を戦争とし、そうではない状態は、戦争がないという意味での消極的に定義される平和に含めて比較することが必要になる。

英単語を見ればわかるが、平和は数えることが難しい。いわば漠然とした状態だ。これは病名があるため数えやすい「病気」に対して、「健康」という状態が漠然としているのに似ている。

研究者たちの試行錯誤

ここで、戦争や平和を定義する試みの歴史を少しだけ振り返ってみたい。科学的な戦争研究史の最初のページで参照されるべき古典的著作を出したのは、国際政治学者・国際法学者として知られるクィンシー・ライト（一八九〇～一九七〇）である（Wright 1942）。ライトの著書では戦争原因の特定に加え、予測に関する議論が含まれていた。

ほかにもルイス・リチャードソンやピティリム・ソローキンといった研究者が、戦争に関するまとまった一般的な分析を試みた。ただ、彼らの研究は二国間の軍拡競争や文化をめぐる対立といった戦争原因の一部をあげるにとどまり、現在の国際政治学者から見れば過去のものである。

これに対して、戦争と平和をめぐる科学的分析の基盤データセットを用意したという意味で、今もアップデートされ続けている研究の基礎を作ったのは、ミシガン大学のJ・デーヴィッド・シンガー（一九二五〜二〇〇九）である。

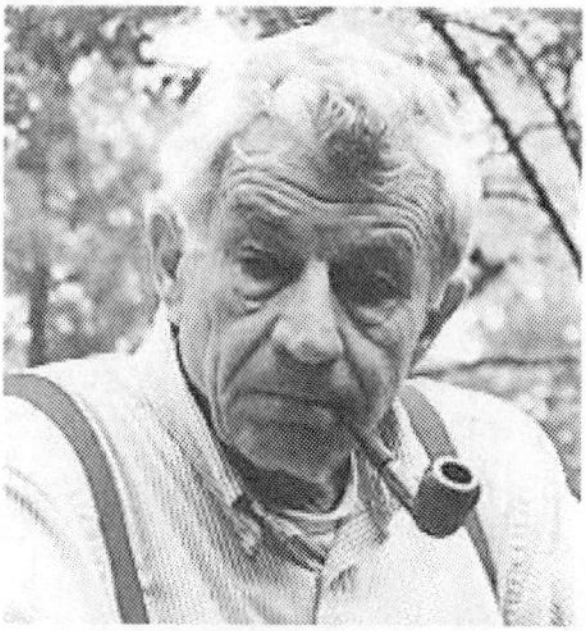

デーヴィッド・シンガー

データセットとは、戦争の場合ならばそれをどのように選別し収録するかを決めた方針（コーディング・ルール）をもとに、観察される戦争のケースをリスト化して、当事国や開始日、終了日といった情報をまとめて行・列のかたちに整理したものである。

日本が真珠湾攻撃を行った時、シンガーは一六歳になっていた。自ら志願してアメリカ海軍に予備将校訓練課程（NROTC）プログラムを通じて在籍し、一九四四年から甲板部士官となった。そして、ひとたび軍隊から離れるものの、一九五一年からは朝鮮戦争の終結する一九五三年まで、予備役志願兵として日本が降伏文書に調印した戦艦ミズーリの上で働いていた。

その後、ニューヨーク大学で博士号を取得し、ハーヴァード大学でのポスト・ドクター研究員の経験を経て、海軍大学校などで教鞭をとったが、そのころから事実の列挙や記述、いわゆる「べき」論ばかりを展開することに重きをおく当時の主流派の国際政治学に対して、それが科学的ではないという反発心を持っていた。

政治学は科学であるという信念のもと、選挙研究やサーベイ調査（質問調査）、社会心理学との学際研究がはじまりつつあったミシガン大学で一年の研究員の仕事を得て、同州アナーバー市で研究をすることになった。その後、一九六一年にはミシガン大学の精神衛生研究所に研究員として在籍し、一九六四年から同大政治学部にも籍を得るようになった。

シンガーがはじめた「戦争の相関研究（Correlates of War：COW《カウ》）」プロジェクトは、当初はカーネギー財団の資金的援助を受け、その後はアメリカの国立科学財団（NSF）の助成金を得て戦争を数えてきた。

二〇一九年現在、幹事校はミシガン大学からカリフォルニア大学デーヴィス校を軸にした大学ネットワークに移動している。いまも継続して、戦争がどの国・誰によって、いつはじまり、また終わったのか、戦争の分析と予測に関連する諸情報を含めて総合的にデータセットを公開している。

国家間戦争と内戦の類似点と相違点

戦争の相関研究プロジェクトでは、戦争の種類をいくつかに分類している。最初に整備され、かつ今日でも国際政治における戦争の代表例として一般的に広く考えられているのは、国家間戦争（interstate war）である。国と国が対立し、戦争を行う。

これに対して、国内で政府とそれに反旗を翻した勢力が対立し、継続的に戦う状況が国家内戦争（intrastate war）、いわゆる内戦である。

両者の類似点は、対立の存在と組織的な暴力の継続にある。他方、相違点は対立にかかわる主体と暴力が用いられる空間にある。

実は、ほかにも、アフリカやアメリカ大陸などで植民者の集団・政府を相手にした戦争である植民地戦争や、西欧諸国には「文明国家」として認められていないものの独立したアクター（たとえば、明治維新前の日本の長州藩や薩摩藩）を相手にする戦争、および内戦のうち、政府を相手にしていない、いわゆる部族間の争いである非国家アクター間戦争といった種類のデータが提示されている。

具体的に触れると、二度にわたるブーア戦争は、植民地戦争に該当する。現代の南アフリカの一部であるトランスヴァール共和国をイギリスが併合しようとした一八八〇年から一八八一年にかけて発生した第一次ブーア戦争は「Extra-State War」の三八二番として収録されている。また、独立したアクターを相手にするもので、その他者に対する支配確立を狙った戦争としては、たとえば文久三年（一八六三年）と同四年（一八六四年）に長州藩と英仏蘭米の列強四ヵ国との間に起こった武力衝突、いわゆる下関戦争があり、それは「Extra-State War」の三五六番として収録されている。

何にせよ、こういったあまり聞きなれない種類の戦争も、戦争の相関研究のデータセットに内包されている。ただ本書では、科学的な戦争研究でもっとも中心に据えられてきた国家間戦争と近年急速に増えている国家内戦争（内戦）を基本的に取り扱うこととする。

なお近年、関税の課し合いに代表される貿易戦争やインターネット空間でのサイバー戦争といった言葉をよく目にする。前者はあくまで比喩として戦争という表現を用いており、本書の射程に入らないのは明らかである。後者は安全保障の問題だが、サイバー空間での攻撃が武力行使かどうかは見解が分かれる。またサイバー空間での戦争は、現時点ではデータが不足している。よって本書の分析の対象とはしない。

2　戦争と交渉の連続性

国際法の断絶的な定義

戦争と平和を扱う学問は国際政治学に限らない。その隣接分野である国際法学も戦争と平和を論じてきた。

しかし、そこには大きな違いが存在している。国際政治では戦争と平和の連続性を考えるのに対して、国際法では戦争と平和はルールの異なるまったく違う世界にあり、断絶しているととらえる。

国際法は、平和の状態には平時の法規範がある一方、戦時には戦時国際法（国際人道法とも）が適用され、行為者の行動を制約するとみなす。あてはまる法規範が違うがゆえに、両者は明確に線引きされる。伝統的に戦争は主権者が相手国に「宣戦」をしてはじまり、戦いの後に講和条約を結んで、平和の時間が再び訪れるものであった。

一九四五年以降は国際連合憲章の第二条で、「すべての加盟国は、その国際関係において、武力による威嚇又は武力の行使を、いかなる国の領土保全又は政治的独立に対するものも、また、国際連合の目的と両立しない他のいかなる方法によるものも慎まなければならない」

と誓約している。

よって、現在、戦争を含む武力の行使（use of force）は違法化されており、建前上、戦争は存在しない。ただし例外として許される合法的な武力行使も法的には平時との断絶がある。①自衛権行使であれば、国際連合の主要機関で世界の平和と安全に一義的な責任を負うとされる安全保障理事会（安保理）への通報と自衛権発動としての何らかの公式な宣言がいるだろうし、②国連憲章第七章の強制措置としての武力行使であれば安保理の決議が出されることになる。そして自衛戦争や強制措置としての武力行使には国際人道法が用いられ、それは平和の状態（平時）と明確に区別される。

政治の延長としての戦争

先ほども指摘したように、国際政治学では戦争と平和は連続している。戦争は平和の世界で行われる交渉の失敗の帰結が戦争であるという考え方は、一九七〇年代以降に広まりだした。話し合いという平和の状態をやめて暴力を行使するのが戦争で、その両者はつながっている。ゆえに、そこにあてはめられる行動原理や説明は、連続するものとなる。

軍事理論家クラウゼヴィッツ（一七八〇～一八三一）が、かつて戦争は政治の延長にあると記した。これは外交交渉による解決の失敗という意味よりも、軍事力が政治的な影響力行使に結びついている点を強調しているのだろう。ただ、それにしても政治の延長に戦争があるという連続的な見方に変わりはない。

そして現在は、一九九五年にジェームズ・フィアロンが学術論文に発表した合理的戦争原因論（rationalist explanation of war）と呼ばれる考え方が、戦争説明の基本的枠組みとなっている。これは第2章で解説する。

紛争・危機・エスカレーションと戦争

このほか、戦争に近い言葉として、紛争、危機、エスカレーションといった概念がある。それぞれ見ておこう。

まず、紛争と戦争はしっかりと区別する必要がある。有名な紛争として、カシミール紛争（インド対パキスタン）やパレスチナ紛争（イスラエル対パレスチナ）などがある。

こういった紛争という概念は、戦争よりも広いものを指し示す。つまり紛争には、①組織的な暴力が一定量の戦死者が出る戦争の状態だけではなく、②暴力の使用の程度がそこまで達しない緊張・対立状態も含まれる。たとえば、尖閣《せんかく》諸島をめぐる日本と中国の対立は日中間の国際紛争として認識され、紛争データセットの中で一つのケースとして数えられている。

では、危機とはどのようなものだろうか。これは、たとえばカリブ海にあるキューバに中距離核ミサイルをソ連が配備しようとしたことがきっかけで、アメリカとソ連が核戦争の手前にまで至ったとされるキューバミサイル危機（一九六二年）が端的に示すように、戦争直前の状態を指す。いわば戦争と平和の「きわ」であり、一歩進めば戦争になってしまうような極限的な意思決定を求められる状態を指す。

そして、エスカレーションは安定した国際関係が紛争化し、危機・戦争へと近づくこと、緊張関係が高まることを一般的に示す。紛争が危機に深刻化することも、危機から戦争に深刻化することも事態が悪くなる限りエスカレーションになる。

科学的な戦争の分析にかかわる研究者は、このような言葉の使い分けをしながら、言い換えればこれらを共通言語として論文を発表している。研究をとりまく学会については、補遺に示してあるので参照してほしい。

3　戦争と平和をめぐる問い

はじまりをめぐる疑問

戦争と平和を科学的に考える作業に必要な言葉がそろってきたところで、本書が検討する、いくつかの問いを設定しておこう。

もっとも重視すべきは、破壊行為である戦争よりも話し合いのほうが望ましい紛争解決だと知っているとしても、なぜ戦争ははじまってしまうのか、という疑問である。

戦争が好きで、他者も自分も傷つくのが楽しいというケースもありえるが、その場合の説明は簡単だ。なぜなら、戦争が起きるのは戦争が好きだからということに尽きてしまうからである。しかし、戦争が好きな人はどれだけいるだろうか。相手を傷つけ、自分も何らかの攻撃を受けるはずの紛争解決手段である。そもそも戦争の原因を人々が戦争好きだからというのでは何も説明をしていないことに等しい。

むしろ、戦争が悲惨で必ず大きなコストがかかる行為だと知っていれば戦争をするのではなく、まずは話し合いをするのが当然だろう。言い方を変えれば、相手を暴力で傷つけ、同時に自分も相手から傷つけられる可能性がある戦争よりも、話し合いである外交交渉のほうが低いコストで解決が可能なのだとわかっているのであれば、交渉が選択されるはずである。

ここで、戦争が選択されるのだとしたら何かおかしなことが起きていて、合理的なアクターが話し合いで問題を解決できていないことを意味する。「何か」が交渉と話し合いによる解決を阻んでいると考えて、その原因を探ることが本書の課題である。

以上は国家間戦争でも内戦でも、同様に議論ができ、回答を得るべきテーマである。

終わり方をめぐる疑問

次に、どうして戦争は（もっと早く）終わらないのか、という問いも立てよう。言い換えれば、どうして戦争は長引いてしまうのだろうか。相手が強くてまったく敵わないとわかった瞬間、早期に交渉に持ち込み、相手がのめる条件を提示すれば相手からの暴力による破壊は止まり、損害を小さくとどめることができる。仮に戦争が敗戦側の能力を破壊し尽くす前に終われば、勝者に一定程度の抑制をきかせるだけの武力や技術力を敗戦国側が温存できる可能性もある。

よって、後ほど詳しく説明するが、合理的に自己の利益の最大化を考える意思決定者の仮定をおけば、そして自らが負けると予測できるならば、戦争を長引かせることにメリットはない。だからこそ、戦争が長引く原因は解かれねばならない難問である。

歴史に「もし」がないのは重々承知しているが、仮に一九四二年のミッドウェー海戦や続くガダルカナル島の戦い、ソロモン海戦で敗戦した時点で、これでは明らかに勝てないということで、終戦を決断していれば、都市への空襲は免れて民間人への被害は極端に抑えられたのではなかろうか。どうして戦争をはじめてしまうと早期の終戦の決断ができにくくなるのか。もっと言えば、負けるであろうとわかっているのに終戦の決定ができなくなるのはなぜだろうか。

平和愛好国と戦争中毒国をめぐる疑問

カリフォルニア大学デーヴィス校で戦争の相関研究プロジェクトの代表を務めているゼヴ・マオツによれば、世界は戦争や紛争にも無縁の平和愛好国（peace-loving states）と、戦争ばかりにあけくれる戦争中毒国（fightaholic states）に区別できるという（詳細は第6章）。そして、世界の戦争の大半は戦争中毒国の存在やその関与で説明可能だと論じている（Maoz 2004）。

ゼヴ・マオツ

彼のデータ分析が妥当だとすると、戦争ばかりしてしまう国、まったく戦争しない国がどうして出てくるのかという疑問がわくはずだ。

もう少し野心的な問いを用意すれば、いかにして戦争中毒国を平和愛好国に転換できるだろうか。理論的に、そしてデータの裏付けをもって議論ができるようになると、床屋談義ではなく、また思考停止したスローガンではなく、その処方箋を得られると考える。

戦争と国際介入をめぐる疑問

最後に、戦争への国際介入をめぐる疑問に触れておきたい。国家間戦争にせよ、内戦にせよ、国際社会や軍事的な実力国が武力を用いて国際介入する場合がある。その動機はさまざまだ。たとえば、周辺地域に国家間戦争や内戦が拡大することの防止という思惑のほか、同盟条約の存在によって国家間戦争に関与しなくてはならない場合もあると思われる。こういった国際介入は戦争を規模の面で抑制したり、その長さを限定的にしたりするようなプラスの効果を持つだろうか。もっと言えば、たとえば国連の平和維持活動（PKO）のような第三者の介入活動には効果があるのだろうか。

このほか、戦争と平和の科学が日本の安全保障に対して、どのような示唆をもたらすのかを問うことも本書の課題である。

国際政治学は、国家と国家の関係性、国際社会や国境をこえる政治現象をめぐる豊かな社会科学であるが、少なくとも日本ではそのことは広く一般に伝わっていない。たとえば、戦略的な相互作用に目を向けず、一つの国または各国の対外政策や安全保障政策を議論することが国際政治学だと誤解する向きがあるように感じる。本書はそういった傾向を意識しつつ、日本では必ずしもしっかり紹介されていない理論とデータに基づいた国際政治研究の蓄積がどんな示唆をわれわれにもたらしうるのかを議論したい。

そして、戦争と平和の科学が遠くない将来の世界を、どのように見通せるのかという予測(prediction)についても研究の紹介を試みたい。

4　科学としての戦争と平和

科学はなぜよいのか

序章を閉じる前に、科学として戦争と平和を考えることの重要性を整理しておく。端的にいえば、科学であることのよさは、共通理解を促す高い説得力に加え、建設的な政策議論を可能にすることにある。

ある一つの歴史的事件を取り出してきて、その事件が起きた状況と現在が似ているから今回も同じような帰結が生まれるとする論法や、宗教対立が戦争を起こしているといった一つの原因にすべてを還元する単純な論法は、印象論では成立したとしても、議論のよりどころとなる理由が定かでない。よく考えれば説得性を欠くものが多く、当然まっとうな政策議論をも不可能にしてしまう。

科学が高い説得性をもつのは、透明性の高い手順で構築され、かつ妥当とされる方法論をあてはめて処理されたデータ分析の結果があり、分析の質や内容を再確認ができる形の「エビデンス」(証拠)が提示されることにある。その質と内容が再確認できることは、反論を可能にし、分析の改善を常に保証する。

また、データは通常、理論的に導かれた仮説の検証のために用いられるが、理論に基づく原因と結果のつながりは、風が吹けば桶屋が儲かるといった因果メカニズムの怪しさを排除し、相手が納得できる説明を実現する。

エビデンスを備えた科学的な研究は、戦争と平和をめぐる一般的な傾向の把握を可能とし、ひいては戦争の予測さえも現実的なものにしていく。したがって、データ分析は公開されているものに基づく必要がある。科学として戦争と平和を考える必要性の背景には、こういった事情がある。

本書と対極にある国際政治の考え方について

本書とは異なる戦争と平和の理解の代表的なものに、国際政治をマクロな「システム」としてとらえる考え方がある。

たとえば、国家間の力の分布と集中に関心を寄せるものである。戦争の確率が、①超大国が一ヵ国だけの一極の場合、②二つの大国が陣営を構えて対抗し合う二極の場合、そして③複数の大国が併存する多極の場合とで変わってくるといった考え方は、一九七九年のケネス・ウォルツ（一九二四〜二〇一三）の『国際政治の理論』などで示されてきた。

これについては、覇権国が単独でいる一極の国際政治は安定であるといった見解や、逆に一極である国への挑戦が起こって不安定化するといった議論があり、論争として知られる。また、冷戦のように「陣営」の間で牽制《けんせい》し合うことで二極が安定であるといった議論も有名である。

システム的な理解では、構造的に戦争が起きやすい、起きにくいを論じることはできる。しかし構造として安定しているはずの状況でも戦争が生じることがあるのはなぜか、または国際構造が不安定化しているなかにも時に平和があるのはなぜかを説明するのは、その枠組みからは難しい。システムの視座は、大きな議論として「なんとなく合っている」ように思えても、本書で示すような科学的な戦争研究とは異なり、個別の戦争について原因を論じるのには説明力が乏しい。

また、従来の国際政治学には少なくとも三つのイズムがあるとされてきた。

いわゆるリアリズムは国家だけに着目することが多く、国内政治に関心を寄せる学派もあるもののそれは少数派である。国益は国家がその力を備えて増やすことだととらえ、国家の力がバランスしている時が戦争が起こりにくく国際関係が安定するといった「勢力均衡」や十分な軍事力の保有が相手国の攻撃を思いとどまらせるという「抑止」を軸に世界を理解しようとする。言い換えれば、そこでは経済的相互依存や国際制度が戦争と平和に与える影響は過小評価を受ける。

これに対して、リベラリズムは国内政治と国際政治の連関を重視するほか、経済的相互依存の重要性、国際制度の有益性を訴える。民主主義国はすべての相手国に、もしくは民主主義国同士は戦争をしにくいとする、いわゆる民主的平和論（詳細は第3章）はリベラリズムの基幹的な理論であると言える。

最後に、コンストラクティビズム（構成主義）という議論があり、社会をとりまく制度と構成員が相互規定する間柄にあり、国際政治もその枠組みで理解できるという。たとえば、国家主権というものも人間が社会的にそのような考え方を作ったにすぎないという近代国際体系は国家同士がそれに該当する仲間を相互認定する仕組みであり、そのことを理解して国際関係を語るべきだと主張する。そして、構成員の頭のなかに共通して生まれる規範の作用や規範が国際政治に与える影響を重視し、それらを作るときに活躍する小規模国家やNGO（非政府組織）の役割を積極的に認める。戦争と平和との関係では、小国やNGOが核兵器をタブー視する規範や地雷禁止といった国際的なルールを生み出し、その力を特に強調する。

このようなイズムの考え方は国際政治学で古典的な議論として教育され、普及してきた。

しかし、イズムで国際政治を理解するのはあまり生産的ではない。国際関係は戦略的相互作用であり、リアリストの重視する力も、リベラリズムの重視する利益や制度も、コンストラクティビズムの重視する価値や規範も、場合によっては影響力を持ち、国際政治の帰結を決める。

事実、リアリズムが妥当とされる安全保障の問題でも、利益や規範が決定的な役割を果たした場面は少なくない。「わたしは、リアリスト（あるいは、コンストラクティビスト）です」などと立場を決めて国際政治を論じるのは、自分が語ることのできる問題をはじめから狭めてしまうもので、硬直したアプローチだと言わざるを得ない。または、以上のイズムを原理として融合させるのがいいという類の処方箋も、論理的な説明やエビデンスなしには何ら意味のあることを言っていないのに等しい。

本書の場合、国際政治を戦略的相互作用（strategic interactions）ととらえ、合理的行為者として国家が相手の出方を予想し、相互に行動し、さらに反応し合うものと考えている。そのような特徴の理論枠組みのなかで、力も利益も規範も何かしらの役割を持つと理解する。すなわち、分析現象にあわせて三つのどの要素を重視してもいいはずであり、本書はイズムにとらわれずに議論を展開する。

第1章　科学的説明の作法

この章では、科学的な戦争研究を理解するために必要な考え方と方法を解説したい。確率で世界を捉える考え方であり、具体的な分析方法としては回帰分析や実験のアプローチを紹介する。テクニカルに過ぎる内容は、補遺として巻末に収録している。そのことは、おのおの明示するので、関心のある方は適宜チェックしていただきたい。

1　ユニークな戦争はありえない

第二次世界大戦は唯一無二なのか？

本書は一定以上の激しい暴力が使われていれば、規模の違いを問わないで戦争として並列に扱う。

このスタンスは、一般的には抵抗があるかもしれない。第一次世界大戦と第二次世界大戦の比較は同じ世界大戦だから許されても、第二次世界大戦とベトナム戦争や朝鮮戦争、イラン・イラク戦争や数次にわたる中東戦争との比較はスケールが違うのではないか、という疑問が湧いても無理はない。あるいは、それぞれの事件は個別具体的で固有のものなのだから、ひとくくりにしてデータとして分析しても意味がないといった反応もあるかもしれない。

しかし、戦争の定義を思い出そう。

戦争は、①当事者同士が一致できない問題が存在し、しかも②その対立を解決する交渉に失敗して組織的、継続的に暴力に訴えるという共通項でとらえられるのではなかったか。そうであれば、われわれが後からみて、世界大戦あるいは地域戦争といった区分けをすることに本質はなく、それらは同列のものとして並べることができ、比較対象になる。

そもそも、第二次世界大戦も当事国同士の二ヵ国の組み合わせ（これを専門用語でダイアッド［dyad］と呼ぶ）に分解していけば、二国間戦争と同じ単位にならすことができる。本書は第二次世界大戦がユニークなので、他と比較できないといった立場はとらない。

母集団とサンプル

よって戦争と平和を研究する際の母集団（調査の対象になる集合全体）は、国家間戦争であれば、「二ヵ国の間に存在するすべての関係」となる。そして、そこに戦争であれば組織的、継続的かつ暴力的な対立状態＝戦争の状態があり、反対に平和の状態もある。これに対して、戦争研究のデータとして含まれる具体的な戦争と平和の事例のリストは、サンプル（標本）と呼ばれる。

つまり、母集団とサンプルを分けて考える。観察者があらかじめ定められた戦争の定義とコーディング・ルールに基づいて、そして歴史資料を使って戦争を特定する。そのように特定される戦争と平和のリストはサンプルであり、母集団そのものではない。なぜなら、母集団を調べ尽くすことは極めて難しいからである。すなわち、われわれがデータとして手にするのは一部でしかない。

しかも、多くの場合にデータを作る担い手の観察バイアスが生まれる。たとえば、データをつくるときに「ニューヨーク・タイムズ」や「BBCニュース」の記事ばかりを参照していたら、おそらくアジアやアフリカの事例を北米や南米、欧州の事例よりも粗く収集する可能性がある。さらにサンプルとしての戦争と平和のリストはデータ作成者によって大きく違ってくる。というのも、組織的な暴力の大きさや継続時間の長さの判定はデータ作成者によって当然異なりうるからである。

コーディング・ルールはデータセットによって大きく違ってくるし、仮に同様のコーディング・ルールを用いても依拠する資料の違いや判断が分かれるケースをどう分類したのかによって、データセットに含まれる事例は変わるだろう。

このあと本書で紹介していくデータは、あくまで観察者が作った戦争と平和のサンプルだと理解してほしい（なお、研究者によって母集団が異なるという可能性も、もちろんある）。さまざまなデータセットがあるが、それらの概説は巻末の補遺にまとめてあるので、ぜひ参考にしていただきたい。

母集団をもっと抽象的にとらえるならば、「パラレルワールド」の存在を想起してほしい。われわれがいる今の世界は、いくつもあった可能性のうちの一つで、そこで観測される戦争や平和もサンプルに過ぎないという考え方である。いくつもあるパラレルワールドのうち、われわれが見ている世界は一つの例に過ぎず、それを分析しているという観点で現実を眺めるのだ。

確率の世界観

母集団とサンプルの話を踏まえ、本書は戦争を確率でとらえる。サンプルから母集団の真の値を推定するという統計学の考え方を戦争と平和の理解にも応用する。

戦争の生起確率という場合、分析の単位が一年であれば一年といった一定の期間にその国が特定の相手と戦争を開始する割合を示す。戦争または武力紛争は比較的に少数派の稀な国際関係の状態であるので、それはおおむね低い数字になる。なお、その数字は推定されたものなので、不確実性をともなう。そして、サンプルの大きさとデータの傾向が、どの程度確からしいかによって信頼区間と呼ばれるものを常に計算できる。

　仮に戦争の生起確率が二パーセントとする。ここで、①九五パーセント信頼区間が一・九から二・一の場合と、②同じく二パーセントの生起確率でも九五パーセント信頼区間が一・四から二・六の場合を比べてみる。信頼区間の狭さゆえ、①は②よりも相対的に確からしいと言える。ただ、その生起確率の真の値が九五パーセントの確率でその間にあるというような評価はしてはならない。

　このほか、生起確率とその変化量、オッズ比といった概念があるが、それらについては巻末補遺に説明を加えておいた。

2　分析に用いられるツールの説明

分析単位

　どんなデータ分析も確率を評価するにあたって、それがどういった単位に基づいているのかを気にする必要がある。天気予報であれば、データが細かくとられているので、都市・時間というものをよく目にする。いわゆる一時間単位のデータ予測などは都市・時間という分析単位でデータが解析され、雨なら雨という結果の確率が「見える化」されている。東京・七〜八時は雨の確率七〇パーセントといったように表示できるわけだ。

戦争も同じように考えてほしい。ある国がある年に戦争するかどうかは、国・年という分析単位で計算・表現される。さらに、ある国がほかの特定の国とある年に戦争するかどうかは、国と国・年という分析単位になる。すでに触れたように、国と国のペアは先述のようにダイアッドと呼ぶので、ダイアッド・年と分析単位を呼ぶことになる。もちろん、時間をより細かくとっていれば、国・月やダイアッド・四半期といった分析単位も可能である。国際秩序をめぐる戦いに着目する長い時間を扱った研究の場合には、ダイアッド・一〇年という単位も出てくる。また近年、複数国の間の国際政治現象を扱う統計処理アプローチが提唱されており、二国間に限らない分析も増えている（たとえばFordham and Poast 2016）。データがどのように組まれているのかを巻末の補遺で示しているが、分析単位も具体例をあげているので参照されたい。

回帰分析

戦争の生起確率を計算するとしよう。科学的な戦争研究では、たびたび回帰分析という統計の枠組みを用いる。戦争の発生という結果変数の場合、結果をたとえば、ある＝一、なし＝〇と置くことができる。この結果変数を説明する複数の変数を、説明変数と呼ぶ。

著者が二〇〇二年にミシガン大学で戦争の相関研究プロジェクトを学びはじめたとき、まず教えられたのが「デーヴィッド・シンガーの第一法則（Singer's first law）」だった。それは、常に結果は複数の要因で説明される、というものであった（Singer 2012: 14）。

結果変数は多くの場合に一つであるが、説明変数は同時に複数が用いられる。なお、シンガーの第二法則以降は二年間のミシガン大学での研鑽期間で教わらなかったので、存在しないのか、きっと重要ではなかったのだろう。

ともあれ、われわれが知りたいのは、結果変数がどのように説明変数と関係しているのかである。

一つの結果変数に対して複数の説明変数をデータとして収集してくる。回帰分析では、この両者をつなぐ関係性を係数という言葉で定義し、これを推計する。係数は、説明変数の一つ分の変化が結果変数の起こる確率にどのくらい影響するかをまとめた数字である。非民主主義から民主主義に説明変数が変化したときに、戦争発生という結果変数が減少したならば係数は負の値になるだろう。

ただし、われわれは万能ではないので、結果変数を引き起こす何らかの偶然も必ず存在する。これを誤差と呼ぶ。ちなみに、すべての説明変数は列挙できないから誤差があるという考え方もできる。

ここまでで、結果変数、説明変数、係数、誤差という四つの言葉が出てきた。式にするとこのようになる。なお、ここでは簡略に回帰式を示すために、結果変数を連続するもの（戦争の有無ではなく、戦死者数など）とした式を示している。

結果変数　＝　説明変数×係数＋誤差

データとして得られているのは、結果変数と説明変数である。わからないのは係数と誤差である。回帰分析では、結果変数と説明変数を「確率モデル」にあてはめ、係数を推計する（補遺参照）。

ここで、方程式の解法を思い出せば、誤差がわからない以上は係数が特定できないと気がつくだろう。しかしながら幸いなことに、誤差は観測数が豊富なデータを相手にする限り、たとえば、正の誤差も負の誤差も同じように出現すると考えられる。

要するに、誤差の期待値はゼロになると仮定できる。この仮定がある限り、不明なのは係数だけになる。よって与えられたデータから係数を逆算し、結果変数と説明変数の関係性を推計できることになる。

たとえば、複数の説明変数（X）があるとしよう。XにX１（例、国力）とX２（例、相手との依存の大きさ）があるとき、それぞれが結果変数に与えている効果をどのように理解できるだろうか。回帰分析は統制（control）という仕組みを通して、X１とX２の効果をより正しく計算してくれる。というのも、X１とX２には何かしらの共変関係があり、正であれ負であれ相関しているかもしれない。統制は、交絡《こうらく》という言葉で示されるX１とX２の相関関係の存在を踏まえ、一方の影響を一定にした上で、もう片方の説明変数が結果変数に与えている影響を計算し、係数として出力してくれる。

回帰分析は一定の条件を満たす場合に、さまざまな制約があるなかで成立する。

実験手法

さらに最近では、科学的な戦争研究を内包する政治学でも自然科学のように実験が行われ、それが科学的な証拠として採用されていることを紹介しておこう（実験の政治学への応用については、たとえば河野 二〇一八を参照）。

なお、多くの日本人が政治実験の分野で先駆的な研究をしており、ハーヴァード大学の今井耕介、ダートマス大学の堀内勇作、そしてＭＩＴ（マサチューセッツ工科大学）の山本鉄平らのWebページから研究を探してみると最新の状況を知ることができるだろう。

因果関係の存在を示す際、実験は回帰分析よりも優れた方法として知られる。というのも、ランダムに刺激群と統制群を分けて研究者が分析対象に介入することで、介入した事実が結果を変えるかを確認できるからである。

医薬品の試薬実験を考えれば、わかりやすい。病気の治る／治らないが結果変数になる。ここで、薬を投与する群と投与せずに同じような形をした偽薬（プラセボ）を投与した群を比較する。ランダムに群を分けている以上、平均的に二つの群の投薬の有無以外の条件は理論上、同一になり、ゆえに結果の違いが出ればそれが薬の効果であると示せる。

国際政治学でも、特に国民の戦争支持／不支持をめぐる世論の研究などでは、大学の実験室のほかインターネット調査を活用する形で、二つ以上の群をランダムに割り振って作り出し、それらに異なる刺激を与え、回答を得るような実験研究が出てきている。

民主主義国家では国民の意見が対外政策・安全保障政策の選択に無視できない影響力を持つこともあり、その意味で間接的ではあるが、実験研究は科学的な戦争研究のツールになってきている。本書の後半では、特にこの方法による研究を紹介していきたい。

3　戦争には常にコストがかかる

悲惨な戦争と国民のコスト

次の章では科学としての戦争と平和の議論、いわゆる合理的戦争原因論を論じる。ただ、その前に「戦争には常にコストがかかり、交渉よりも非効率な問題解決手段」である点を指摘しておきたい。これは合理的戦争原因論の根幹を成す重要な仮定である。

戦争の定義に暴力の行使が含まれ、破壊をともなう以上、それがコストを生むのは否定できない。戦争による破壊は重慶《じゅうけい》空爆や南京事件、真珠湾攻撃、東京・神戸などへの空襲、広島・長崎への原爆投下など、仮に日本が加害と被害に関わったものに限って例をあげたとしてもきりがない。

戦争が相手を物理的に傷つける行為である以上、攻撃を効果的に行って最終的に勝利を得ても相手が何らかの反撃をするために損害は免れず、物理的なコストをもたらす。外交交渉を行い、同じ目標を達成していればそのコストは生じなかったはずである。

このほか、戦争の破壊以外にも戦争にかかわるコストは社会的に無視しがたい負担をもたらす。破壊するための道具として軍事力を備えて保有すること、それを使う軍隊に一定数の健康な男女を従事させることは社会にとって無視しえない負担となる。その健康な男女がほかの労働に従事し、農作物・工業製品の生産、芸術や文化活動などに力を発揮すれば、どれだけ社会は豊かになるだろう。なお、これを経済学では機会費用という言葉でとらえ、ある特定の条件下で、選択しなかったものから得られていたはずの価値のことを指す。

　政府が他の政策を実行しないで戦争を行うことも機会費用の意味で損失を生む。政府が戦争の経費を社会福祉や研究開発支援の資金にまわせば国民の豊かさは上昇するはずである。また、意思決定の時間という観点でも同様である。つまり、政府が社会の幸福を最大化するために意思決定する時間が戦争をめぐる意思決定のためにとられてしまう。

　軍隊を用いた戦争も、あるいは軍隊という存在の拡充も、機会費用の面で社会とその構成者である国民にとって無視できないコストになる。

軍需産業とコスト

　戦争は利益を生むという議論があるかもしれない。要するに、戦争があるからこそ得をする人がいて、その人々が戦争を好むという理解である。たしかに、武器を作る人、売る人にとって戦争は必要かもしれない。

　しかし、そんな彼らであっても、実際の戦争で起こる破壊コストからは逃れられない。戦時に武器を作り、輸送する過程で彼らが攻撃を受けることがある。また武器を作る工場や設備は当事国の間ではまず狙われる格好のターゲットであり、破壊されやすい。敵国が補給を断とうとしてその工場や拠点が重点的な攻撃対象になる危険性が高いことは、過去のいくつもの事例が教えてくれる。場合によっては、戦争の破壊コストをもっとも負担するのは軍需産業かもしれない。

軍需産業にとって不都合なのは軍縮し、武器が売れないことだろう。ゆえに彼らは軍拡やエスカレーションを望むかもしれない。しかし軍需産業が戦争そのものを喜ぶかどうかは立ち止まって考えてもいいだろう。

また、インターネットや衛星技術など、軍事セクターでの開発が不可欠であった技術は少なくない。それは戦争のベネフィット（恩恵）であり、コストを相殺するという議論もあるかもしれない。著者もそのような理解を否定はしないが、しかし、コストは相殺されるだけで必ず存在する。軍事的な技術製品も開発するまではいいものの、それが戦争で使われてしまうときには破壊というコストは避けられない。なぜなら、戦争がその定義上必ず破壊をともなう行為である限り、不可能なことだからである。

以上を踏まえると、戦争はコストがかかる問題解決手段だという仮定は一般化できる。そして、戦争にはコストがない、またはコストが小さくて無視できるといった立場の集団や人は、仮にいたとしてもごく少数であると考えられる。

為政者たちとコスト

最後に、意思決定を行う政治家たち、為政者の戦争コストを考えよう。政治家とは、いかなる利益を重視する存在ととらえるべきだろうか。民主主義国家であれば、選挙を通じて国民から選ばれた人々である。独裁国では何らかのきっかけで政治的決定権を保持し、その後ろ盾に政党（一党独裁制）や軍隊（軍事政権）といった実力手段と正当性を付与する仕組みを抱えている人物たちであろう。どちらにしても選挙に負けたり、政党内での権力争いに敗れたり、クーデターがあったりすれば政治的な意思決定者ではなくなるのが特徴である。よって戦争をめぐるコストも、そこに深く関係すると考えられる。

勝てば、戦争を勝利に導いた為政者・政治リーダーとして、民主主義国であれば国民からの人気も高まり再選確率も上がるだろうし、独裁制であれば支配体制を盤石にできるものだろう。反対に負ければ、その責めを負う可能性が高い。つまり、選挙を通じて政権を失ったり、支配体制にほころびを生んだり、クーデターや革命といったプロセスを経て為政者の地位から引きずり下ろされる危険性も生まれる。圧倒的に有利な戦争でも、負ける確率はゼロにできない。要するに、戦争は常にコストのかかる高い賭けとなる。

為政者たちも物理的破壊というコストの影響をまったく被らないことはない。繰り返すが、戦争は破壊行為を必然的にともなう。相手がまったく戦意をもたない無抵抗のような稀なケースを除けば、戦争は双方の物理的暴力のぶつかり合いで必ず深刻な破壊を生む。

これに対して、話し合い（交渉）は物理的な破壊を生まない。戦争には事後的に負担せねばならない破壊のコストがある以上、そして交渉は互いに妥協点を見出して価値あるものを分配することを可能にするメカニズムであるのだから戦争に比べて交渉は効率的な問題解決手段と理解できる。

ここまでの説明を通じて科学的な戦争研究に最低限必要な考え方と方法の理解を得たと思う。第2章では、まず冒頭で代表的なデータを紹介し、どのように戦争が観測され、戦争がどのように分布しているのかを示す。そして、そのうえで合理的戦争原因論を軸に国家間の戦争に関して理解をしていこう。

第2章　戦争の条件

前章の議論を踏まえ、戦争を数えることができるとして、一体どれだけの戦争が起きてきたのかを「見える化」することからはじめたい。そのうえで、交渉理論による戦争不在（平和）の説明を行う。それは科学的な戦争をめぐる議論として現時点でもっとも有力なものとして知られる、スタンフォード大学のジェームス・フィアロンが提唱した「合理的戦争原因論」の根幹を成す。

1　国際関係の常態は平和である？

戦争違法化時代の例外としての戦争

オックスフォード大学の研究者が提供するウェブページ（https://ourworldindata.org/about）によると、ウプサラ・PRIOのデータセット（詳しくは巻末の補遺参照）に基づいた場合、戦争データの分布は図1のように整理できるという。

縦軸には戦争による死者数の割合（一〇万人当たり）がとられ、横軸には西暦一四〇〇年から今日までの年代がとられている。

灰色の円は個々の戦争を示し、その大きさは絶対数での戦死者数を示している。実線①はすべての戦争にかかわる死者数割合を一五年の移動平均で示し、実線②は戦闘員のみの死者数割合を同一の条件の移動平均で示している。移動平均とは一定期間を定め、時間を単位一つ分（たとえば、年）ずつずらしながら、平均値を計算していくものである。

ここからわかるのは、戦争が違法化されている「われわれの世界」の特徴である。

戦争そのものの数とそれによる死者の数と割合は、確実に一九五〇年代以降減っている事実がある。図2は、より明確にその傾向を示す部分だけを切り出してきたものである。一九〇〇年から二〇〇〇年まで、実線は一〇万人当たりの戦死者数について一〇年の移動平均の値を示しているが、一九五〇年代以降ほぼ戦争がなくなり、その死者数もゼロに近くなっている。世界人口の増加も考慮する必要はあるが、戦争の数は減り、その死者数も前と比べて減っているのは明らかである。

二つの世界大戦のインパクトは、いわゆるウェストファリア体制（一六四八年）をもたらした三十年戦争（一六一八～一六四八）と同じようなものであった。近代国際政治秩序を性

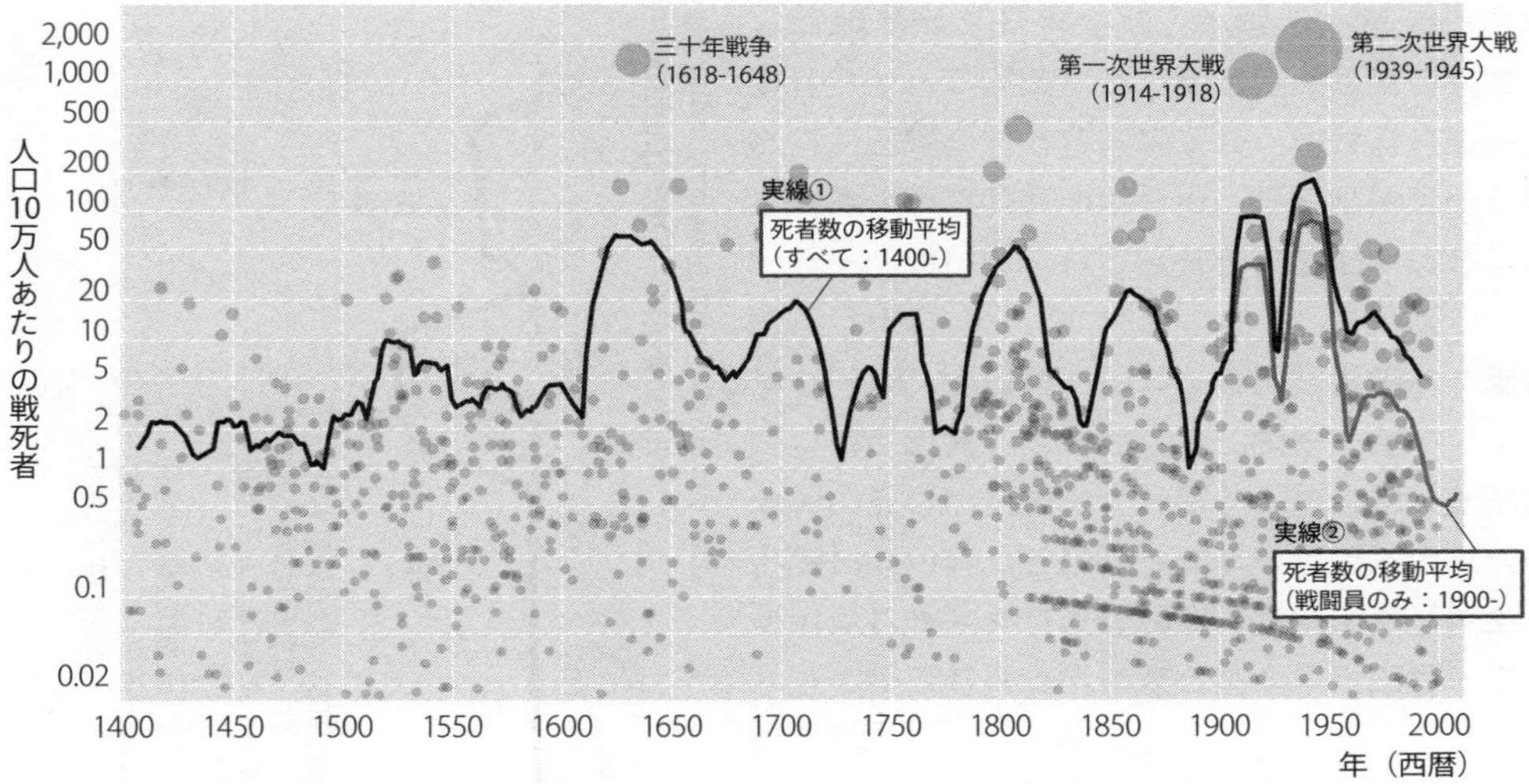

図１　戦争と戦死者の分布（1400～2000年）　出典：https://ourworldindata.org/war-and-peace

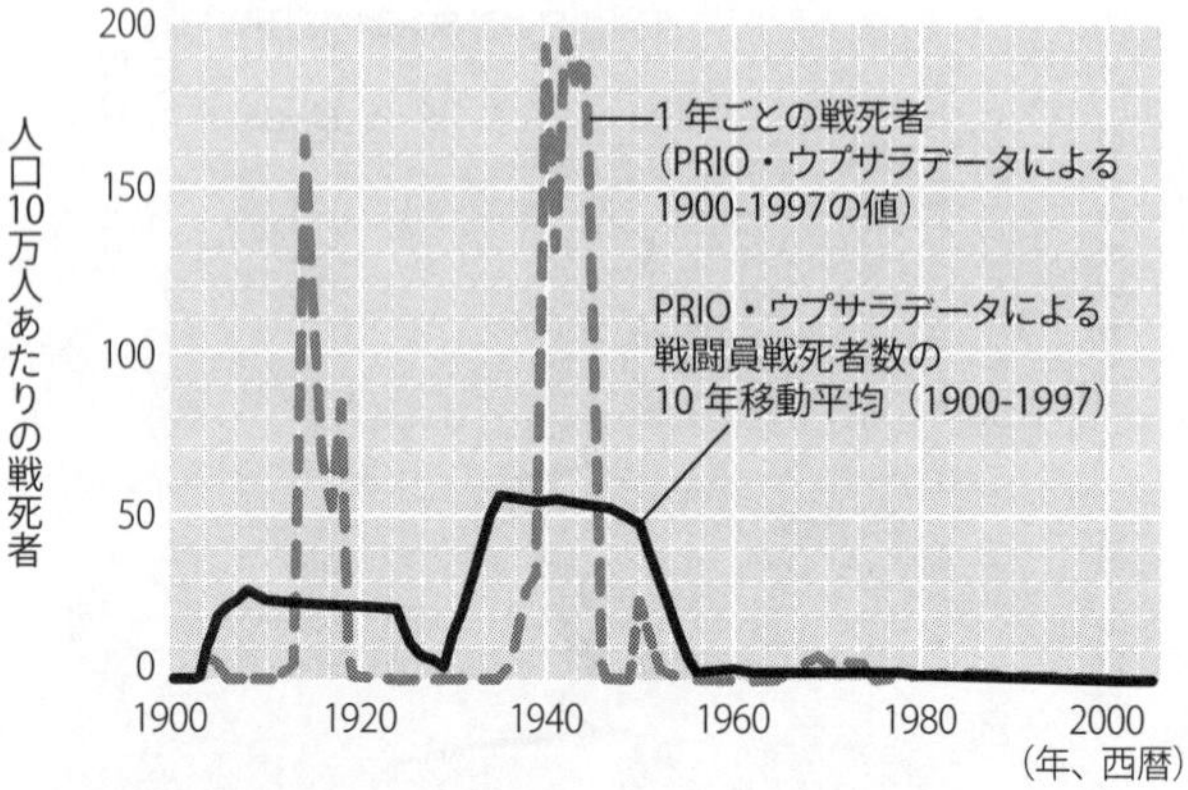

図2　1900年以降の戦争と戦死者の分布
出典：https://ourworldindata.org/war-and-peace

格づけるウェストファリア体制は、カトリックとプロテスタントの間の三十年戦争を契機として築かれた。

この争いによる死者数の割合は突出している。あまりにも大きな戦禍を生んだことで、欧州の王や領主たちはどの宗教を自身の領域で公式なものとするのかを主権として決定する共通了解を確立し、他の領域に介入しない内政不干渉という原則をつくり、その考え方は今の国際関係でも継承されている。

図1を見ると、この大事件に相当するのは二つの世界大戦だけだとわかる。国民国家同士の戦争では、国家のために国民は尽くさねばならず、場合によっては国のために死ぬのが国民の義務といった考え方が生まれた。それが「国家総動員戦争」をもたらしてしまった。

一九〇〇年よりも前の戦争では戦死者は記憶されるよりも忘却されることのほうが多かったというが（小菅二〇〇五）、国家が国民をつくり、国土を守る戦争に駆り出すようになった。その結果、戦争は国家と国民が総出で行うものになり、戦争が国民兵ではない存在、たとえば傭兵《ようへい》で行われていた時代よりも大きな損害をもたらすことになった。

一九五〇年代以降に戦争が減っているのは、戦争はきわめてコストが高いという記憶が多くの人に共有されたからではなかろうか。先述の国連憲章第二条にある「すべての加盟国は、その国際関係において、武力による威嚇又は武力の行使を、いかなる国の領土保全又は政治的独立に対するものも、また、国際連合の目的と両立しない他のいかなる方法によるものも慎まなければならない」という誓約は、第二次世界大戦の反省による。戦争の違法化は、その減少という形でデータの傾向に表れているのである。

地域ごとの戦争分布

図3は、一九四六年以降、今までの地域別の戦死者数を図示したものである。再びウプサラ・PRIOのデータセットに基づいている。

人口の多いアジア（オセアニアを含む）の戦死者の比率は総じて大きいが、特にその割合が大きい第二次世界大戦直後は中国（国共）内戦（一九四六～一九四九）と朝鮮戦争（一九五

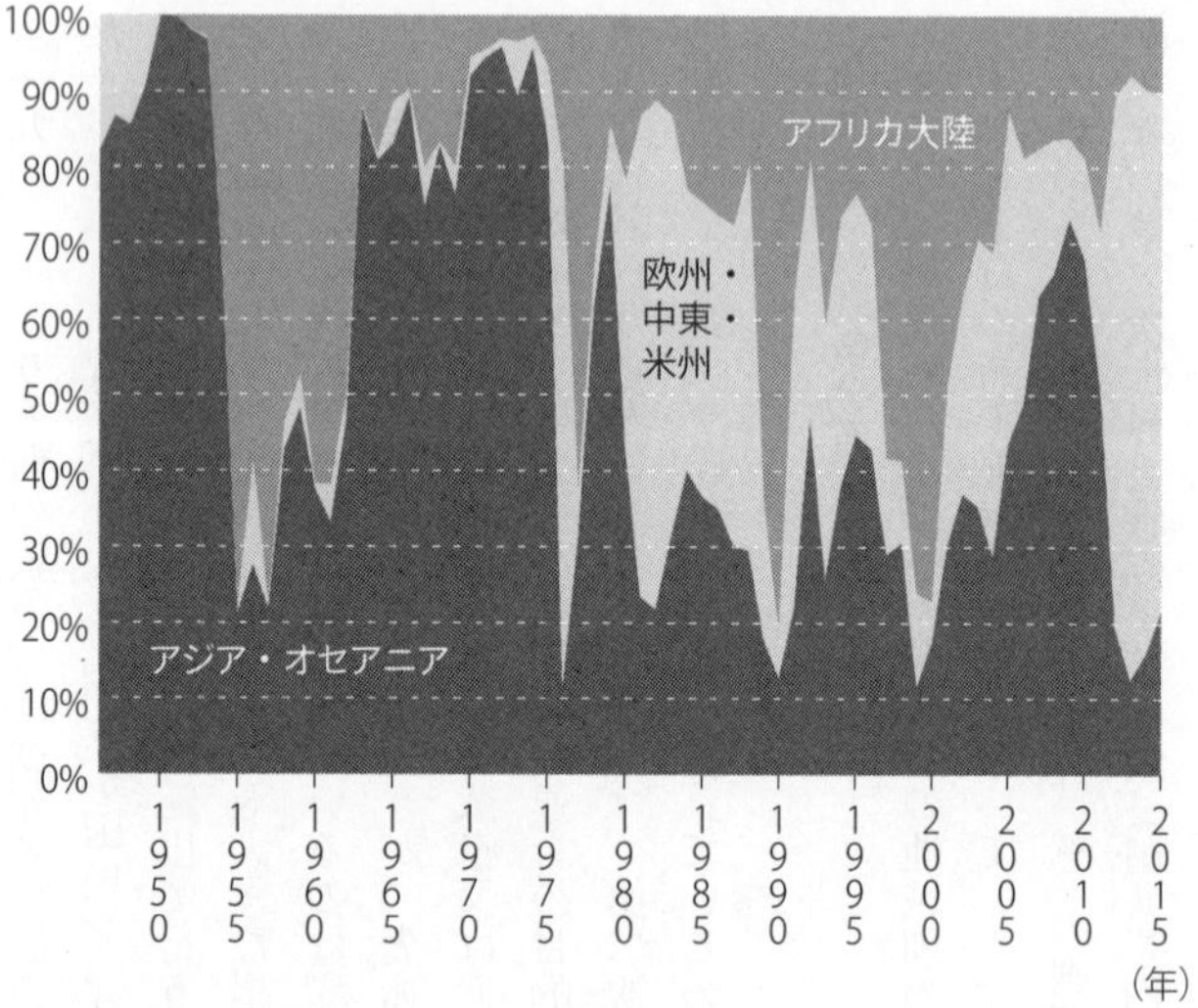

図3　地域別の戦死者数
出典：https://ourworldindata.org/war-and-peace

〇～一九五三）があった。そしてその後は、ベトナム戦争（一九六〇～一九七五）、アメリカによる対テロ・アフガニスタン戦争（二〇〇〇年代）の影響が割合の時系列変化に顕著に表れている。

　また、アフリカ大陸の割合が増えるのは植民地解放戦争のあった一九五〇年代のほか、スーダン危機の一九八八年、ソマリアやルワンダ・ブルンジ・コンゴの内戦が激しかった一九九〇年代半ばなどである。アメリカ州においてはほぼ戦争がなかったこともあり、一九八〇年代以降で図の色が薄い部分が増減するのは欧州（ユーゴスラヴィア紛争）、中東地域での戦争の結果で

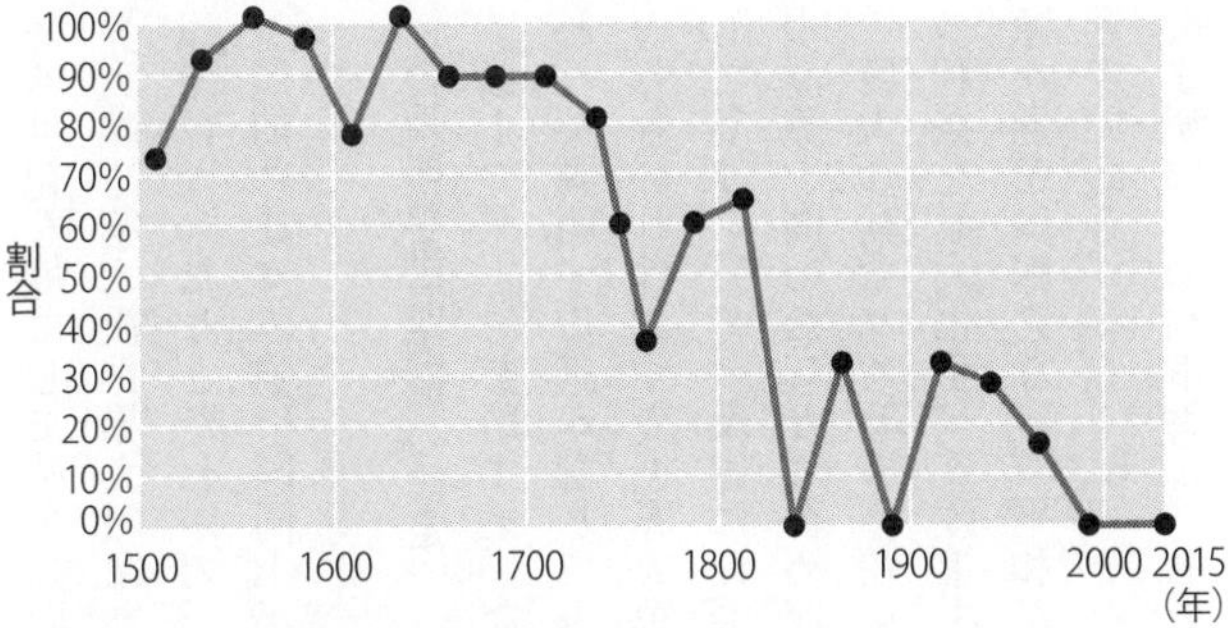

図4　大国間で起きた戦争の割合（1500〜2015年）
出典：https://ourworldindata.org/war-and-peace

あると考えられる。

大国間の戦争分布

図4は一五〇〇年以降、今までの大国間の戦争に関するデータを示したものである。

大国の定義は難しいが、この期間すべてにわたりイギリスとフランスは大国として考えられている。一七世紀と一八世紀はオランダとスウェーデンも大国で、一六九九年までオスマントルコ、一八〇八年までスペイン、一九一八年までハプスブルク帝国も大国として扱われている。また、一九四九年からは中国、一八九八年からはアメリカ、一九〇五年から一九四五年まで日本、一七四〇年からドイツ、一七二一年からロシア・ソビエト連邦、一八六一年から一九四三年までイタリアも大国である。

このようなくくりで戦争の生起データを見ると、大国間の戦争は一七世紀まできわめて頻繁であったものの、一八世紀を境にして減少傾向になり、一九世紀にはかなり少なくなったとわかる。第一次世界大戦や第二次世界大戦はあったものの、二〇世紀では大国間の戦争は三割程度またはそれ以下になったことがわかる。

以前に比べて強い国同士が戦争をしなくなったことは、特筆すべき傾向である。

合理的戦争原因論の設定

以上のデータを踏まえ、なぜ戦争が減ってきたのかを、戦争をめぐるコスト認識とのかかわりで説明する試みをしてみよう。

われわれは二つの世界大戦という三十年戦争以来経験したことがなかった大規模な戦争をしてしまい、その反省にたつというものである。多くの戦死者を生んだ戦争の記憶がコストの認識を高めたことは否めないはずである。

巨大な戦争コストの存在を認めた場合を想定しよう。そこで、相手の出方を踏まえ、自らの利益を最大化すべく政策を選択する合理的な意思決定者同士で構成される環境下では、戦争が通常は起きない、平和が常態であるという考え方がフィアロンの合理的戦争原因論の出発点である。ここでは、そのエッセンスを解説する。

まず二つの当事者が、ある価値をめぐって争っているとしよう（図5）。価値は領土のよ

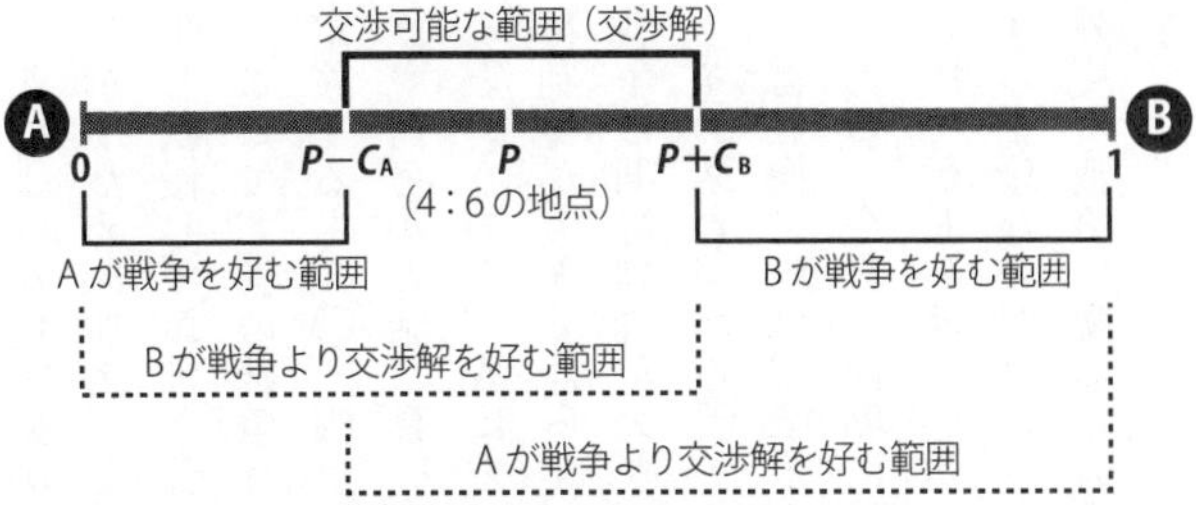

図5　交渉理論による平和の説明　著者作成

うなものを想像すればよい。島でも陸続きでも、係争地域を全体で一として表す。ゼロから一の範囲で数直線上に示せるものを二つの当事者が争うのである。一枚のピザを切り分けることを考え、その円周を伸ばしたと考えたらよい。

当事者はここでは完全に相手の能力や要求を知っているとしよう。しかも、戦争にかかるコストを前もって知ることができるとしよう。そして、戦争ではどちらかが勝ち（＝引き分けがない）勝ったほうが価値あるものをすべて得られることにしておこう。

戦争に勝つ確率は、戦争の能力＝国力によって決まるのだとすると、戦争の勝敗の見通しは能力比（図中のP）で理解できることになる。もしも、当事者Aが相手との比較で四、Bが六の能力を持っているとすると、Aの勝利確率は四〇パーセントになる。戦争に勝った時の期待利得はAについては〇・四になる（期待利得は戦勝時の利得の一に戦勝確率の四〇パーセントをかけて得られる）。反対に、Bについては〇・六になる。

このような現実味がないように見える仮定をおくのは、平和の条件を論理的な可能性として示すために加え、どの仮定を崩すと戦争が選択されてしまうかを明らかにするためなので、少し我慢してお付き合いいただきたい。

ここで、Aの戦争コストをC^A（C_A＞ゼロ）そしてBの戦争コストをC^B（C_B＞ゼロ）と定義すると、〇・四マイナスC^Aから〇・六プラスC^Bになる範囲は両当事者ともに戦争よりも何らかの話し合いで妥結したほうが得な領域になる。

というのも、Aにとっては〇・四マイナスC^Aよりもゼロに近い範囲でなければ戦争の期待利得が大きくならず、逆にBにとっては〇・六プラスC^Bよりも一に近い範囲でなければ戦争の期待利得が大きくならない。合理的に考える行為者である限り、AもBも範囲〇・四マイナスC^Aから〇・六プラスC^Bで交渉によって紛争を解決できるはずなのである。

言い換えれば、戦争のコストが十分に認識されている世界では戦争は回避されるはずなのである。今日、世界に戦争があふれていない背景には、そのコストが高くつくという考え方が広く信じられていると言えよう。戦争はコストがかかるゆえに外交こそが国際関係を調整する手段なのだという共通理解が存在するのである。すなわち、交渉を基本的な姿勢とする外交が戦争に勝るという認識は、戦争のコストをいかにわれわれが理解するかにかかっている。

以上のような設定のもとで、フィアロンは、行為者が合理的であっても次にあげるいくつかの問題によって戦争が起きてしまうことがあると論じる。以下では大きく三つの原因を提示するが、戦争が起こる合理的な説明はこれらだけではない。あくまでよく知られる三つをあげていることに注意してほしい。

2　誤解が戦争を生む――情報の非対称性

情報が確実でないことが戦争の原因になる場合

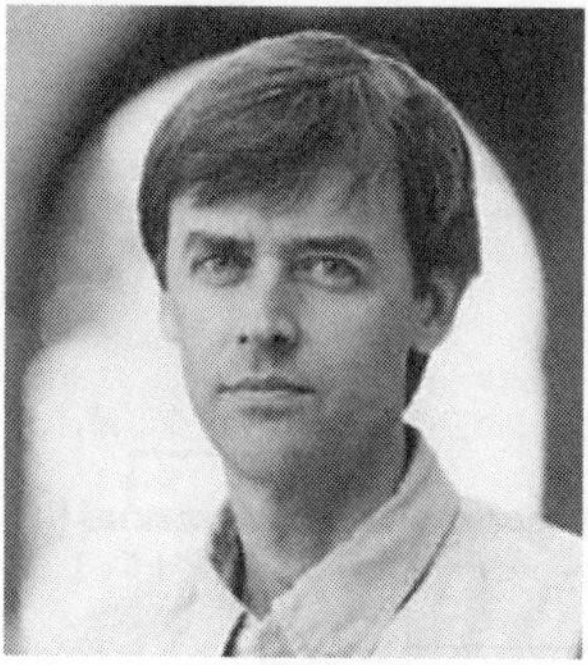

ジェームス・フィアロン

一九九五年のジェームス・フィアロンの研究論文（*International Organization* 誌掲載）は、戦争の合理的説明を提唱したとして広く知られる（Fearon 1995）。フィアロンは先ほど示したような設定をもとに、いくつかの条件を緩和すると合理的な意思決定者でも戦争を選択するほかない場合があることを、ゲーム理論を用いて論じている。詳しい解説は、浅古（2018）を参照するとよい。

第一の場合は、情報の非対称性として知られる条件の

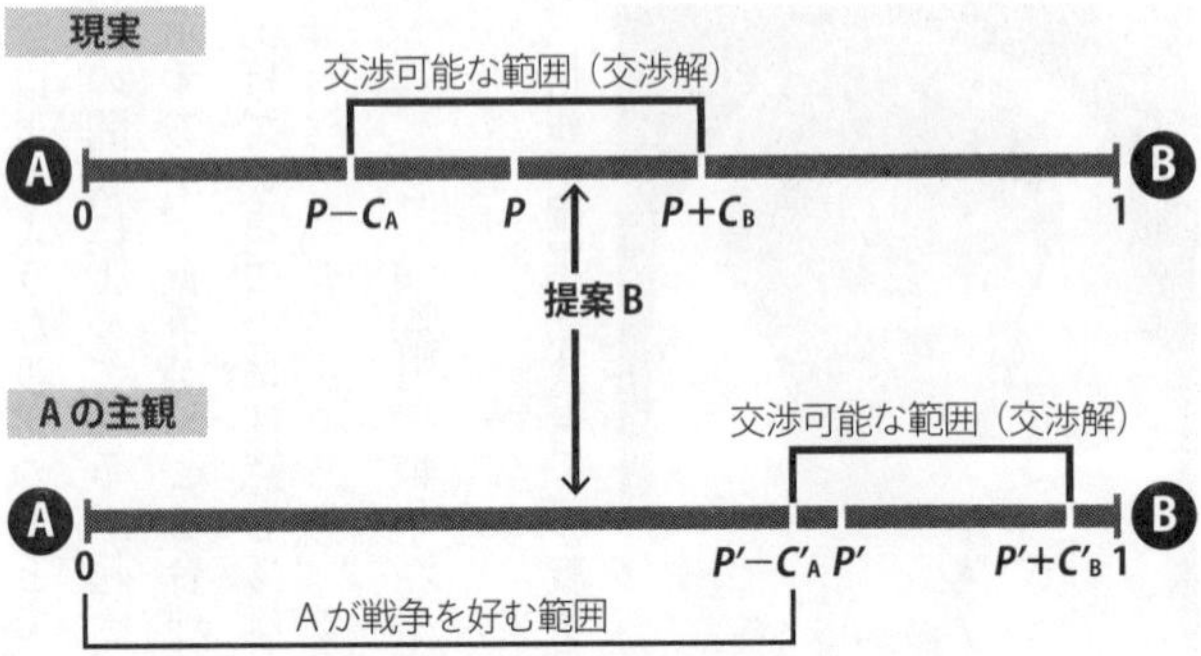

図6　交渉理論による戦争の説明（情報の非対称性）　著者作成

緩和である。先ほどは当事者AもBも相手の能力や意図をすべて知っていると仮定していた。そのケースでは交渉できるはずだが、それは現実的ではない。

実際に相手のことをすべて知るのは難しい。相手は自分が思うよりも強いかもしれないし、弱いかもしれない。当該係争地をどこまで本気に考えているのか、またはそこまで深刻なものと思っていないのか、意図もしっかりと理解するのは難しい。そういった情報の不確実性がある場合、特に自分についてではなく相手の情報が欠けてしまうという情報の非対称性が存在すると戦争が起きてしまうことがある。

たとえば、B国の主観そして現実は図6（上）だとする。他方で楽観主義のA国の主観を図6（下）だとしよう。このとき、AとBの間での認識の違いを解消する術がない場合、両者は戦争にいたる可能性が高い。なぜなら、Aからすれば（Bの考えるAが受諾する範囲内にある）Bの提案（たとえば、図中の提案B）は受け入れがたく、戦争を選択するほかないからである。

危機が差し迫り、外交交渉を担う人々の間での相互不信がある場合などはこの状態に近いだろう。相手の発言の真意を推し量るばかりで認識のギャップを埋められないと、問題の構造を解消できずに戦争が合理的な選択になってしまう。

ブラフとその魅力

より大きな問題は、この問題構造を踏まえた「ブラフ（はったり）」である。

相手（A）が情報の不確実性をよく理解しているとしよう。そうするとBにとって、それを逆手にとってブラフをかまし、それによってあわよくば大きな利益を獲得できる可能性がある。

Aが情報の不確実性をしっかりわかっているとBが考えるのであれば、Bは自国の能力が高く、当該係争案件に対してかける熱意とその防衛にかける意図もきわめて大きいと宣伝する（ブラフを行う）ことで、Aからより多くの譲歩を得て交渉を妥結できる可能性が出てくる。北朝鮮が、その能力を示すために「ニュース」を流すのはブラフを狙っているのかもしれない。

ブラフの魅力は大きい。その誘因によって相手国に強く出て法外な要求をしてみたり、エスカレーションを選択してしまうことがたびたび起こる。

二つの湾岸戦争のケース

一九九〇年八月、イラクがクウェートに侵攻した。アメリカとサウジアラビアなどが率いる多国籍軍は翌年一月一七日、イラク軍に対する攻撃を開始して第一次湾岸戦争がはじまった。クウェートの解放をもって戦争は一旦終結するが、その後、イラクに対しては国連の制裁が課せられ、たびたびアメリカやイギリスによるミサイル攻撃も行われた。

その後、二〇〇三年三月には、実際にはなかったが、イラクが大量破壊兵器を開発しているとアメリカ合衆国・イギリス・オーストラリアなどが嫌疑をかけ、兵器の破壊を拒むイラクに対して攻撃を開始した（第二次湾岸戦争、いわゆるイラク戦争）。

これら二つの戦争は情報の不確実性からすれば、次のように説明できる。なお、ここでは「説明できる」として以下の議論を示すが、あくまで仮説的な解説であって、それを事実として主張しているのではない。理論を当てはめると次のように理解できるというデモンストレーションとして考えてほしい。

一九九〇年八月にイラクがクウェートに侵攻した際、サダム・フセイン大統領はアメリカ合衆国がそもそも介入してくるとは思っておらず、しかもクウェート政府は数日のうちにイラクの併合を認め、それで紛争は解決するものだと踏んでいた。アメリカおよびクウェートの意図の誤認と解釈できる。他方、アメリカからすれば、クウェートからの撤兵をしないと多様な制裁を通じて必ずやイラクが窮地に立つとの警告を行い、イラク軍の撤退がなければ戦争が不可避であるとの情報を知らせていたはずだった。

しかし、イラク側はそれをブラフととらえたため、期限までにクウェートからの撤退をしなかった。アメリカはイラクに攻撃しないことが将来的な自国の発言の信憑性《しんぴょうせい》にも関わるため、そのコミットメント通りに一月一七日に攻撃をはじめる。開戦を迎え、イラクは負けるが、もしも戦争を避けて前もってアメリカの要求通りに撤退していればその兵力も無傷で温存できたはずである（そしてクウェートと油田をめぐる交渉もできたかもしれない）。

二〇〇三年のイラク戦争も情報の不確実性が戦争を起こしたと言える。イラク政府はアメリカから大量破壊兵器開発の嫌疑をかけられた際、もっと真剣に自らの潔白を示す証拠を示せば、アメリカに開発の証拠をでっちあげられずに済んだ。持っていない兵器を破壊することはできないわけで、それには応じられなかったかもしれないが、戦争で負けてしまうことが確実だとわかっていれば、たとえば国際原子力機関の査察を全面的に受け入れるという選択肢もあった。

しかし、その選択肢もおそらく疑心暗鬼に駆られたイラクにはなかったと評価すべきかもしれない。というのも、いくらイラク政府がわれわれはそのような兵器を持っていないという正しい情報を出したとしても、それが当時のブッシュ政権率いるアメリカ政府に信じてもらえたとは言いがたい。信憑性の高い情報を必ずしも出せない、または情報の信憑性を保てないという国際政治の構造が戦争を起こしてしまうのである。情報を相手に正確に伝達し、それを信じてもらえることは平和をつくるうえでとても重要なことなのである。

3　確信と不信が戦争を生む——コミットメント問題

ある予測の共有が戦争の原因になる場合

次に、情報の非対称性がない場合での戦争原因を考えよう。むしろ相手に関する確信こそが戦争を生んでしまうという話である。

ただし、その前に国際政治上の「政府の不在（アナーキー）」な状態について、説明をしておこう。国内社会と異なり、警察力を行使する中央政府がないのが国際政治である。そこには大国もあれば小国もある。他方で、国内には政府があり、そこにも強い人（会社）もそうでない人（会社）も存在するだろう。

当事者が交渉をするとして、弱者と強者が交わした約束が守られる背景には、約束を遵守するように監督する中央政府の存在が大きい。約束を守るべきという法規範があり、それを守らないものを罰する政府の公権力の存在が、強大な力を持つ個人ないし会社が弱いものとの約束を反故《ほご》にしないように担保している。

問題は国際政治では約束を守ることについて政府の担保が存在しない点である。これを専門用語では、言質《げんち》を与えるとか約束するという英語である「コミット（commit）」という言葉を踏まえ、コミットメント問題と呼ぶ。強国は小国に対しての約束を反故にしても、そこには国内での政府のような存在による制裁がないのである。よって、国際政治では約束が守られない可能性があることを念頭に置いておきたい。

さて、以上を踏まえたうえで、次のような状況を考えよう。

A国とB国の国力が拮抗している。そして、今は係争地域に関して両国ともにすべての権利を主張しながら、外交交渉のテーブルについているとする。ここで、情報の非対称性はないものの、A国が急速に弱体化し、B国が急速に国力を伸ばす（これをパワーシフトという）という予測を両国ともしている場合、戦争が起きてしまうことがある。

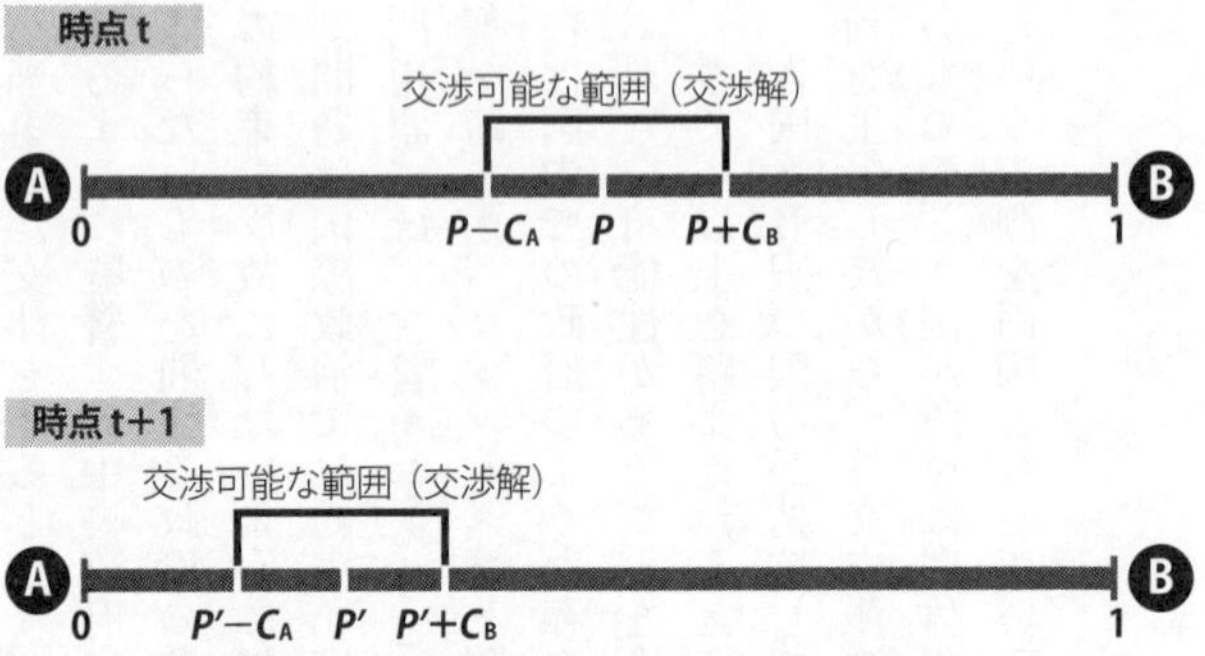

図7　交渉理論による戦争の説明（コミットメント問題）　著者作成

予防戦争の論理

図を用いて説明をしてみよう。現在のA国とB国の関係は図7（上）のように示せる。将来の確実視されているパワーシフトが起きてからの二者の関係は図7（下）のようになる。現時点の「t」ではA国とB国の国力は拮抗している。しかし、今後時間がたって「t＋1」になるとA国はその時までに国力を落とし（たとえば急速な少子高齢化）、B国は国力を急速に伸ばしている。要するに将来的にA国は圧倒的に不利になるのであり、ここで重要なのは、それが両者の目に確実な予想として見えていることである。

このとき、合理的なB国は現時点で現状維持を提案してくるかもしれない。これをA国は安心して受け入れられるだろうか。

A国は、B国とたとえ現時点で現状維持の約束をしても、将来反故にされるのでは、と疑心暗鬼になるのではないか。確実に自国が弱くなり、相手が強くなるのがわかっている場合、将来相手が再交渉を要求してきてB国に有利な状況が生まれてしまうくらいなら（たとえば、図7（下）の将来の中間点P'）、今のうちに戦争という賭けに出て、勝てるうちにB国に勝って領土をすべて確保するのがいいと考える。

このような論理展開にいたると、戦争がいわゆる予防戦争としてはじまる。予防戦争とは、将来、自分の力が弱くなると考える国が、今の時点でより有利な状態で予防的に相手を負かすべく選択されるため、この名がついている。

真珠湾攻撃のケース

コミットメント問題とパワーシフトが戦争を起こすという論理の当てはまる事例として、日本の真珠湾攻撃があげられる。

ここでの議論には違和感を覚える読者も少なくないであろうから、再びあえて断りを入れるが、この例示は一つの解釈として、理論の当てはめの可能性を示しているだけである。歴史的事実だと主張する意図はないし、そのような仕事は歴史家の範疇にあると考えている。

しかし、次のように考えることができる。

一九四一年、アメリカとの交渉を継続してきた日本政府は、長期的には負ける戦いだと知りつつも、短期的に勝利を収めてアメリカ国民に厭戦感情を生み出し、その間により有利な条件で講和できると目論んだ。短期決戦に勝ちさえすれば、日本が今まで得た中国北部やインドシナなどの領域の支配権を失わず、将来の国力も維持できると考えた。

またその外交交渉を継続する間、アメリカなどの経済制裁で原油や石炭、鉄鋼材料が国内に入ってこない状況があったため、急速に日本の軍事力は落ち、戦争で有利な展開を生み出せなくなることが、もともとの国力の差以上に確実視されていた。したがって、一九四一年一二月の時点での戦争が、制裁で国力が落ちていく将来のある時点での戦争よりも有利であるという計算が、真珠湾攻撃を引き起こしてしまったという解釈ができる。

この場面で、アメリカ政府は何ができただろうか。日本に異なった対応をすることを通じ、予防戦争に踏み切るという決断に追い込む必要はなかったかもしれない。相手を追い込めば予防戦争の発生は予想できた。確実にパワーシフトが起こるという予測が高い確信をもって共有されている場合、急速に弱体化する側が文字通り賭けとして戦争を選んでしまう危険性を理解しておく必要がある。弱くなっていく国を追い込んでしまうのは平和のためによくない。

4　こだわりが戦争を生む——価値不可分性

宗教的聖地

さらなる合理的戦争原因として、価値不可分な対象をめぐる争いがある。

さきほどまでの議論は、争っている価値が可分であるとする考え方であった。どこかで交渉による価値の分割ができる、という建前が存在していた。情報が不確実であると係争中の対象を分けられても交渉は妥結せずに誤解が原因で戦争が起きた。また、相手との約束を信じられないと、そしてパワーシフトが起きると予測できる場合、係争中の対象を分けられるとしても戦争が起きてしまうのであった。

フィアロンは、よくよく考えれば合理的な戦争回避も可能であるものの、価値不可分であることは戦争を引き起こすと指摘する。つまり、ゼロか一かという対立は交渉の余地を残さないということだ。

たとえば、同じ土地を宗教的な聖地としてとらえる場合、どの勢力が土地を保持するかをめぐる争いは、交渉ではなく戦争による解決しかない、という説明である。もちろん、すべての宗教的聖地が価値不可分になるわけではないが、エルサレムの帰属を争う長期の紛争と数次の戦争を想起すれば、このような要因の存在も容易に理解できよう。

固有の領土論

この点は、いわゆる「固有の領土」という標語の危うさを喚起するのではなかろうか。領土を確定するという行為は近代国際体系に特徴的である。

一七世紀に起きた三十年戦争ののち、カトリックとプロテスタントのどちらの宗派をどの領域で正式に信仰していいのかが問われ、その決定権が「主権」に転じていく。よって、欧州から生まれてきた国際体系では領域確定は大問題になる。

イスラム世界や中華国際秩序では、そういった領域確定の必要性が乏しかったことを考えると、アジアや中東にいる非欧州の人々にとって、固有の領土論は「外的な産物」であることは覚えておいていいだろう。たとえば、中華国際秩序では朝貢関係にある帝国の首都と朝貢国側の首都との関係性が大事であって、領域の限界線がどこにあるかは根本的な問題ではなかった。

サイド・ペイメントとその難しさ

ただし領土の固有論にかかわらず、ゼロないし一の解決策しかないという主張は、実は突き詰めると論理的ではない。というのも、価値不可分の対象をめぐる場合でも相当に大きな対価を払うことで妥協を得ることもモデル化できるからである。

交渉は、きわめてすぐれた問題解決アプローチである。係争地問題以外の価値提供、たとえば現金の授与、他の政策論点について相手の主張を認めるなどして、相手に係争地に関する主張をあきらめさせるといった妥協は論理的には可能だと言える。争っているもの以外の対価を払って相手から譲歩を引き出すことは、国際政治学では「サイド・ペイメント」（代償の提供）による問題解決策として理解されている。よって、価値不可分な対象をめぐる係争でも戦争が必然というわけではない。

ここでの問題は、サイド・ペイメントによる解決を難しくするいくつかの「壁」があることだろう。たとえば、領土問題では、先祖代々受け継いできたという「固有の領土」を他国に売るという触れ込みになるサイド・ペイメントによる問題解決は国民の広い支持は得にくい。たとえ、それが経済的に大きな魅力がある解決方法でも、国民感情に受け入れがたい解決策になってしまうのである。

その意味で、公教育を通じてどのように国際的な係争案件を意味づけ、教えるのかは無視できない問題になる。つまり、妥協も成り立つと考える人が圧倒的多数なのか、またはゼロ・一の世界観でまったく分割できない、そして他の代償をもってしても譲れないという考え方を持つ人が圧倒的多数なのかは、戦争の確率を大きく変化させる。「固有の領土」と教えて国民に領土の分割や妥協ができないと思わせることの影響は、しっかり理解したほうがよい。どのような国民教育をするのかも、遠因として戦争の生起確率に影響しうる。

5 戦争はどうして終わるのか？

情報問題の解消

戦争の原因を見てきたが、では、終結には何が必要なのだろうか。

端的に言うと、戦争の終わりには、「圧倒的な勝利による終戦」と「交渉による終戦」がある。前者は明確な力の差を理解し、一方の当事者が負けを認めることによる（ただし、講和をめぐる交渉は負けを認めてから起きるだろう）。後者は勝ち負けが必ずしも明らかでないものの、両者が戦争のコストを踏まえて交渉での問題解決を目指すため、停戦ののち講和していくプロセスとなる。

終戦については、戦争のはじまり方で終わり方も決まるという考え方がある。情報の非対称性が原因であれば、能力の差が明らかになり、相手と戦っていても勝ち目がないとわかれば、そこからは交渉し、負けを認めるというプロセスがはじまり、相手と戦闘をやめることで合意するという意味での終戦の可能性が高まる。勝利している側も戦争が破壊行為である以上、相手が負けを認めて係争している価値を引き渡せば、戦争を終わらせる誘因が出てくる。相手を殲滅《せんめつ》する必要はない。

しかし、コミットメント問題や価値不可分性が存在すると、戦争は相対的に長引くかもしれない。というのも、コミットメント問題が存在する場合、負けても相手が終戦時の和平交渉における約束を反故にしてしまうに違いないと考える。そうすると相手との交渉による和平は望めない。徹底的にやり合う戦争の長期化しかなくなる。

宗教的聖地など価値不可分な価値を争っている場合には、違う論理が働いて長期化する可能性がある。圧倒的に不利になったとしても降参は教義や信念に反する行為で、自分が属する集団に対する背信行為となるために、負けたとは薄々感じていても誰も負けたと言い出せない。ゆえに価値不可分性をもたらす人間の考え方が、戦争を延々と続けさせてしまうという構図である。

圧倒的勝利

圧倒的な勝利は、圧倒的な破壊を行えば得られるのだろうか。

破壊の程度が大きければ圧倒的な勝利を生むかもしれない。日本が第二次世界大戦で敗戦を対外的に認めたのは一九四五年八月の二つの原爆の投下後であり、それが連合国に圧倒的な勝利をもたらしたかのような印象を生むかもしれない。

しかし、それが「力の差」を認識させるために不可欠であったとは言えない。事実、鈴木貫太郎《かんたろう》首相は同年七月二六日にポツダム宣言が出てから終戦を決定するために模索していたわけで、敗戦を理解していた（半藤 一九九五）。原爆のような劇的な兵器が圧倒的な勝利をもたらし、終戦に必要だったといった論評は後付けでしかない。

イリノイ州立大学のジョン・ヴァスケスによれば、領土をめぐる国家間の戦争が終結して、当該領土問題が安定的に解決するのは、①圧倒的勝利があって勝者が敗者に新しい境界線を認めさせた場合か、②双方ともに外交交渉で妥協し合って境界を画定した場合のどちらかであると論じる（Vasquez, 2009）。相手が勝者の圧倒性を認めないような中途半端な勝ち方をしている場合、領土紛争の安定的解決はないという。

ここでヴァスケスのような議論を踏まえると、圧倒的勝利は本書の示しているような合理的戦争原因論のモデル、特に情報の非対称性の議論に関連する「情報論の解釈」でこそ理解が可能になる。単に物理的に大きな損害があったかではなく、そういった破壊が十分に相手の意思決定者に情報として届き、しっかり理解され、これ以上の戦争遂行は望ましい結果をもたらさないという心理を生み出すことが必要不可欠なのである。つまり、相手に「勝てるわけがない」という認識を当事者に持たせることが圧倒的勝利の条件となる。

たとえば第二次世界大戦の日本でいえば、一九四五年になるころには連合国側の圧倒的な勝利はほぼ確実となり、論点はいつ・どのような形で日本の意思決定者が敗戦を認め、戦争終結の判断を下せるかになっていた。

しかし、天皇制の維持といった点で連合国側の意図を確認できなかったため、また終戦の合意形成に時間がかかったため、沖縄戦（一九四五年三月～六月）や本土への大規模空襲を許してしまった（なお、都市部への無差別攻撃は一九四五年三月～八月に集中し、原子力爆弾の投下も行われた）。このように、圧倒的な力の差を認めて終戦を決定するには客観的な状況よりも主観的、心理的な要素を無視できない。そして、一度はじめてしまうと終わらせにくい戦争の厄介さがここに現れている。

和平交渉と国際介入

「圧倒的な勝利による終戦」と対極になる、「交渉による終戦」をさらに議論しておこう。

双方の当事者の合意で和平交渉をスムーズに進めるには、当事者の情報と認識の一致が欠かせないことが、先ほどのモデルからわかるはずである。図5のように交渉可能な範囲があるとわかれば、戦争にコストがかかる限り、交渉による解決はできる。

問題は、そこにいたるまでの心理的状況である。最初は単なる「他国」であったのが、交戦の結果として憎悪の対象である「敵国」になり、心理的に「敵国は殲滅される対象」とみなすようになってしまえば、相手との交渉も格段に難しくなるだろう。

また、そういった憎悪とは別の次元で、戦争が行われていくなかでは、心理的にある情報を自国に有利に解釈しがちになるバイアスが出てくるだろう。いわゆる「大本営発表」でなくても、自国が有利との情報と不利だという情報を同時に得たら、どちらを信じるだろうか。それらの憎悪の念やバイアスは和平交渉による戦争終結を難しくする。

ここに、当事者が同じテーブルに座るきっかけをつくり、かつ相互に交渉相手として信用できるという状態を作るために第三者である国際社会の介入の重要性が生まれうる。この点は第3章で詳しく議論をしたい。

第3章　平和の条件

前章では戦争の原因について、合理的な意思決定者同士を仮定し、しかもその戦略的相互作用関係のなかで理解しようと試みた。情報の非対称性やコミットメント問題、そして価値不可分性といった特徴をもつ係争が、戦争の契機となる可能性が高いことを示した。前述の平和愛好国は、そういった特徴を持ちにくい国々と言い換えられる。

ここからは、戦争をいかに防ぎ、また抑制できるのかを考えてきた科学的な戦争研究の成果を紹介し、平和愛好国の条件を考えたいと思う。

1　民主主義が平和を作る——民主的平和論

民主主義国は戦争をしにくい

平和の条件を特定しようとする研究のうち、もっとも知られているのは、民主主義という政治体制を重視する議論で、デモクラティック・ピース論として認知されている。

イマニュエル・カント（一七二四〜一八〇四）に顕著なように、意思決定の権利が複数の人々、今日的な意味では人民とそれを代理する議会によって保持されている共和制・民主主義体制が平和を作るという議論は古くからあった。

ブルース・ラセットやゼヴ・マオツ、ルドルフ・ラメルといった研究者は、民主主義国は交渉で問題解決を行う文化や規範を備えている人々を継続して生み出す制度をもつゆえ、どんな相手であっても戦争よりも交渉を好むという議論を行った（Maoz and Russett 1993; Rummel 1997）。ラメルは特に一方的に民主主義国は国際関係で平和的であるというモナディック・デモクラティック・ピース（Monadic Democratic Peace）という議論を唱えていた。

民主主義国同士は戦争をしにくい

ブルース・ラセットやゼヴ・マオツらの一九九三年の研究論文では、第1章で述べた国と国のペアを意味するダイアッドの分析のみで民主主義の平和が成り立つことが示され、民主主義国同士であることが平和を生み出すということに議論が変化していった。

これをダイアディック・デモクラティック・ピース（Dyadic Democratic Peace）と呼ぶ。ラセットやマオツはその理由を民主主義の文化・規範とともに、民主主義制度の定着度といった要因で説明しようとした。

これに対する反論ももちろん存在した。

一つは、民主主義国同士の平和がアメリカの作った冷戦下での西側諸国のあいだの平和を擬似相関として把握したに過ぎないという批判である。擬似相関とは、AがBを起こすという想定をしているときに、真に影響を与えているCという要因があり、それがAもBも引き起こしていることを意味する。

ここでは、アメリカの作った国際秩序が戦争の減少で定義されるところの平和も民主主義国の増加も同時に説明するという反論であった。たしかに、民主主義国の割合を示すデータをみると、一九四五年から民主主義国の割合は増えており、第二次世界大戦後のアメリカを軸とする国際秩序が、戦争の減少と民主主義国の割合を増やしたとする議論も否定しえないと感じさせる。

しかしながら、先ほどの合理的戦争原因論と突き合わせると、民主主義国の間に戦争が少ない可能性は、理論的にとても説得力がある。というのも、民主主義国同士は情報の非対称性が低いと考えられるためである。

たとえば、議会があるため、大統領や首相といった政治リーダーだけで戦争の決定は難しく、また国民に秘密にして新兵器を開発することも難しい。そういった政治体制では透明性の下で軍備が用意され、相手国にも能力の状態がわかりやすい。つまり、どこまでいけば相手との戦争になるのかの見極めをしやすいのが民主主義国になる。よって非民主主義国と比べて、民主主義国同士は見極めができるために戦争になりにくいというわけだ。

実際、民主主義国同士での戦争は、ブルース・ブエノ・デ・メスキータの定義によると、一八一六年から二〇一三年までの一二七件のうち、一九七四年のトルコ対キプロス、一九九三年のインド対パキスタンのわずか二例とされている（浅古 二〇一八）。もちろん、異論もあり、デーヴィッド・レイクの研究では、米西戦争のみを民主主義国間の例外的戦争だとする（Lake 1992）。

また、民主主義国では観衆費用による紛争抑制のメカニズムが働くという（Schultz 2001）。観衆費用とは、国民が選挙で選ばれた政治リーダーに不支持を示し、それがリーダーにとって政治的なコストになることを指す。民主主義下の政治家にとって落選は「ただの人」になることを意味する。当然、国民からの支持の欠如はきわめて大きなコストになる。

ここで、政治リーダーが国益を守る、強い指導者であることを国民が望むものと仮定しよう。もしも「ブラフ」を対外的に行って、相手がそれに動じて妥協すればリーダーにとっては儲けものである。相手国を譲歩させた偉大なる指導者というイメージが形成でき、支持は増えるだろう。しかし、もしも相手国が譲歩せずに、しかもそもそもブラフだったために自分は軍事行動することはなく、かえって「弱さ」が露呈すると、その空《から》の脅しをした政治リーダーは国民の支持を失う。このような民意の喪失が、観衆費用として解釈される。

民主主義における観衆費用メカニズムの存在は、よほどのことがない限り外交政策での冒険をしないよう促す効果を持っているという。双方に観衆費用があるなかでは容易に相手を脅せず、外交交渉でどうにか妥協点を見出そうとする。つまり、結果としてエスカレーションも少なく、また戦争も少ないという説明が成り立つ。観衆費用による民主的平和論はよく知られたものである。

このほか、民主主義国は国民がひとたび一致して参戦すると総動員で戦争し、ゆえになかなか降伏しにくいため、戦争が長引く。そのことが共有されている世界では、民主主義国は相互に戦争をしかけにくいといった議論もある（Reiter and Stam 2002）。

独裁国の平和？

民主主義国同士の平和について、一部に異論はあるものの、一九九〇年代から二〇〇〇年代にかけて観察される現象として、ほとんどの研究者が同意するようになった。その結果、二〇一〇年代にはその発展形の議論として、独裁国の平和が存在しうるのか、という検討が進みつつある。

独裁国同士は戦争しないという議論も過去にはあったが今はあまり支持されていない。独裁国でも一部の国について戦争に至りやすいことが示され、かつデータ的にも支持されつつある。たとえば、ある種類の国が合理的戦争原因論にそって戦争にいたってしまう、という指摘がある。ここではジェシカ・ウィークスの研究を中心に紹介しよう（Weeks 2014）。

ウィークスは、独裁国を四分類する。第一の軸は軍が政治体制を維持するのに不可欠であるかという軸である。そこで文民主導・軍人主導の二類型が出てくる。第二の軸は指導者が個人的カリスマを頼りにしたタイプか、集団指導体制によるタイプかという軸である。組み合わせると、文民・カリスマ（「ボス」）、文民・集団指導体制（「マシーン」）、軍人・カリスマ（「ストロングマン」）、軍人・集団指導体制（「軍政」）という四つの種類に分かれる。

ここで、個人カリスマはエリートによる統制も受けない意味で、もっとも政治リーダーに対する抑制がききにくく、よって冒険的な政策も多くなる。集団指導体制はエリートの間での相互抑制が働き、政策の大きな冒険はなかなかしにくいと考えられる。文民政権は軍事政権と異なり、生み出すべき政策のアウトカム（成果）が必ずしも安全保障にかかわらずともよい。しかし、軍事政権では軍隊が国家の軸となり、外交当局の論理より軍の論理が意思決定に強く反映される。

ウィークスのＭＩＤｓ（武力紛争）データの分析（補遺参照）は、民主主義国が当事国の場合と文民・集団指導体制（「マシーン」）が当事国である場合の武力紛争の生起確率はほぼ同じで、二・二パーセントと、二・八パーセントであるという（九五パーセント信頼区間は、一・三から三・九パーセント）。これに対して、軍人・集団指導体制（「軍政」）は四・一パーセント（同信頼区間は二・六から六パーセント）、文民・カリスマ（「ボス」）は五パーセント（同信頼区間は三・三から七・二パーセント）、軍人・カリスマ（「ストロングマン」）は六・七パーセント（同信頼区間は四・七から九・二パーセント）である。

ちなみに日本が直面する安全保障上の脅威の一つとされる北朝鮮の金正恩《キムジョンウン》・朝鮮労働党委員長は文民・カリスマ（「ボス」）にあたり、武力紛争の確率は高い。また日本との尖閣諸島の領有権争いが近年激しくなっている中国は、習近平《しゅうきんぺい》・国家主席の憲法上の扱いが変化したことで留保すべきかもしれないが、文民・集団指導体制（「マシーン」）になり、北朝鮮ほどの武力紛争の確率は高くならない。

これ以降も良質の研究が出されているので、ウィークスの研究を決定版として紹介する意図はないが、その内容は安定感がある。少なくとも彼女のデータ分析によれば、異なる独裁政権の特徴にしっかり着目し、それぞれの特性に応じて対処すべきであることがわかる。

民主化の平和？

民主主義国同士が平和をもたらしやすいことを踏まえると、民主化が平和をもたらすのかという論点も科学的に検証されるべきであり、その研究にも蓄積がある。

エドワード・マンスフィールドとジャック・スナイダーによれば、民主化したばかりの体制移行国ほど対外冒険的な政策に訴え、戦争をしやすいという（Mansfield and Snyder 1995）。移行期の不安定な政権は国内の支持を確保するために外敵を作り上げ、それへの対抗政策を国民の政権への資源集中や政権安定への支持動員のために利用するという。いわゆる陽動（diversion）政策である。

一九九〇年代半ばにマンスフィールドらの研究が発表された際、この研究のインパクトは大きかった。しかしその後、クリスチャン・グレディッシュとマイケル・ウォードの研究によって、民主化への移行は必ずしも紛争の生起確率を高めないことが、より精緻なデータ分析で確認されている（Gleditsch and Ward 2006）。

急な民主化と民主化から独裁制への揺り戻しは紛争の生起確率をたしかに高くするものの、民主化自体は平和を生み出すということがデータ分析によって確認されている。

2　報道の自由と経済的相互依存

報道の自由と平和

このように民主的平和論は、科学的なデータとその分析によって、主にアメリカの国際政治学の世界で幅広く支持されるようになった。国際政治学でこのような圧倒的な影響力がある経験知と理論的な議論はなかなかめずらしい。そして、クリントン政権（一九九三～二〇〇一）では政策の基軸としても採用され、世界の民主化をアメリカが主導するための政策的根拠にまでなった。

しかし、民主的平和論に対する懐疑論や反論がないわけではない。先ほど示したような覇権国家の存在といった議論もあれば、ここで説明する報道の自由という議論もある。

スワン・チョイとパトリック・ジェームスは、報道が自由な国では情報の非対称性が生まれにくいために戦争をしにくいと仮説をたて、データ的にその可能性を示した（Choi and James 2007）。つまり、民主的平和論は報道の自由の擬似相関であるという指摘である。

たとえば、カタールは首長制であって民主制とは言えないが、自由度の高い報道を行う衛星テレビ局「アルジャジーラ」が存在する。もちろん、カタールに関する報道には自由がそこまで担保されていないかもしれないが、アメリカのCNNを真似たスタイルはジャーナリズムとして一定の独立性を持っていると考えられよう。比較的に自由な報道が許される場合にその情報がブラフを生みづらい環境をもたらし、相手の誤解を減らし、ひいては情報の非対称性による交渉の失敗をなくす。

これに近い研究がマイク・コラレシによっても提示されており、単に報道をめぐる自由ではなく、透明性を担保する制度の有無が重要であるという（Colaresi 2014）。たとえば、議会による事後監視が制度化され、かつ実施されている国は透明性が高いゆえに戦争を引き起こしにくく、また無駄な軍事予算も費やされないというデータ分析が示されている。

貿易による依存と直接投資による依存

民主的平和論の対抗的な議論として長らく知られてきたのは、報道の自由ではなく、経済的相互依存を主眼とするものであった（商業的平和論）。すなわち、二つの国が経済的に深いつながりをもち、ゆえに戦争ができないという依存関係を重視し、そういった経済的相互依存が民主主義国同士に見られるという、擬似相関の主張であった。

貿易による依存が平和を作るという議論は歴史的にも古く、たとえば第一次世界大戦前夜のイギリスで『大いなる幻影』を著したノーマン・エンジェルの主張の根幹にある（Angell

1913)。経済的に依存関係にもかかわらず戦争が生じると、きわめて大きなコストの発生は明らかで、ゆえに戦争ができないという議論である。

一九一〇年代にこの本が著され、ドイツとイギリスの軍拡競争への警告を鳴らしつつも、経済的に依存しあうことが戦争回避につながりうるという議論を提示した。

このほか、単にモノの移動を意味する貿易だけではなく、経済的なつながりは直接投資の相互的な依存関係でも生まれうる。つまり、相手国に自国産業の必要部品などを作る工場を作り、駐在員を置き、生産拠点を生み出す行為である。たとえば、現代の日本と中国もそのような意味では単に貿易をしているだけではなく、不可欠な生産拠点を相互に抱える関係になっている。

商業的な平和は、少なくとも貿易関係の深さと投資関係の深さという二軸で計測できそうだ。その点に着目して議論を行ったのが、エリック・ガーツキーの研究である（Gartzke 2007）。

ガーツキーの実証研究

カリフォルニア大学サンディエゴ校のガーツキーは、「キャピタリスト・ピース（The Capitalist Peace）」という論文のなかで貿易の依存と直接投資の依存、そして国連総会におけ

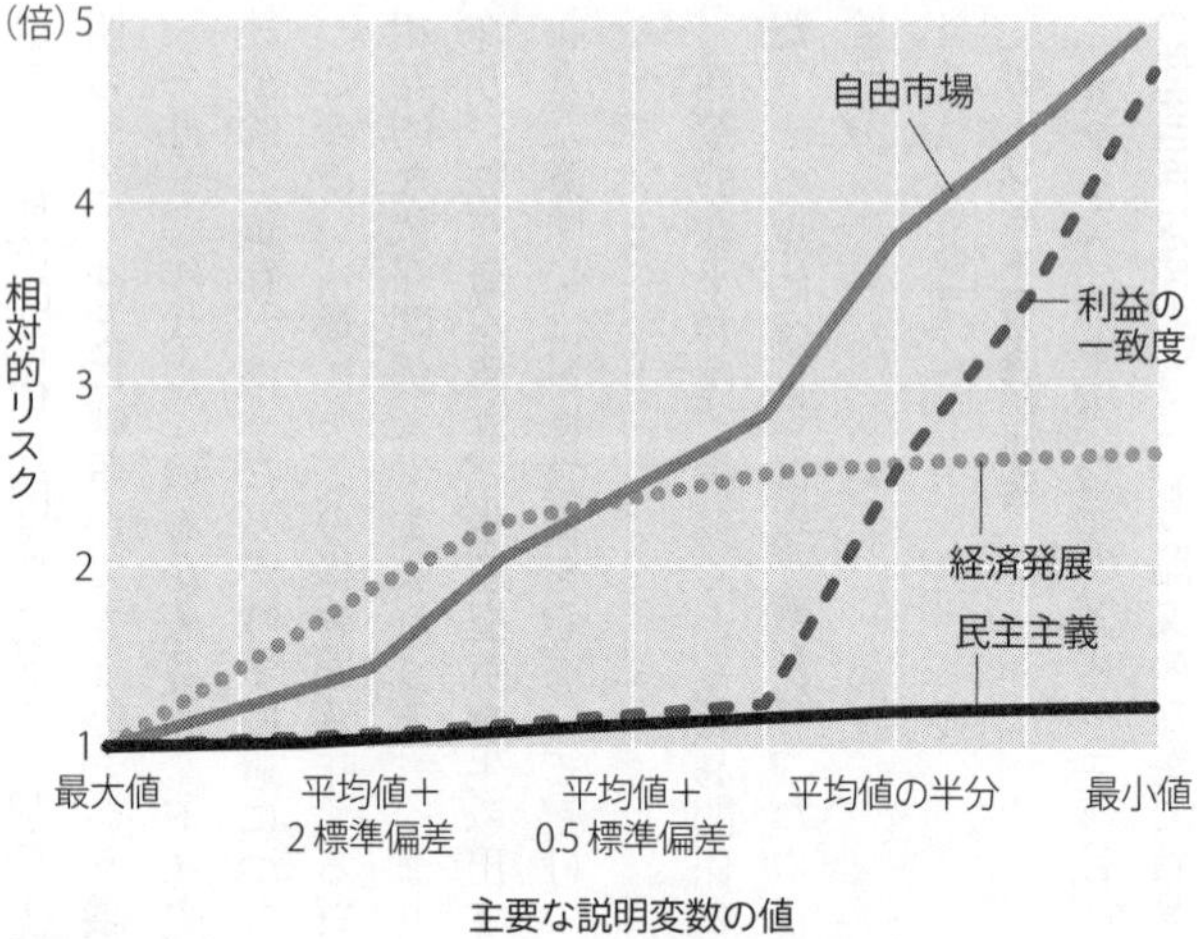

図8　MIDsの起こる相対的リスク　出典：Gartzke 2007

る投票行動をもとに作った外交的な利益の一致から紛争の生起確率を割り出す研究を行った（図8参照）。

　このデータ分析によると、貿易の依存関係は紛争の確率に影響をしないことがわかった（図8には図示もされなかった）。その理由は、貿易相手国は代替性が高いので、失われた依存関係を補える国がほとんどであった可能性がある。

　他方、直接投資には影響があり（図8の「自由市場」に相当）、投資での依存関係は代替の利かない大きなコストになるため、戦争を抑制するという見解とその根拠になるデータが得られた。これは民主主義の変数がほぼ影響なく横ばい状態なのと対照的で、投資の依存関係の大小が武力紛争の生起確率に影響していることを明らかに示している。

その問題点

ただし、ガーツキーの研究には批判も少なくない。たとえば、論文執筆時は大学院生であったアラン・ダフォー（現オックスフォード大学）は、その問題点を指摘している。彼によれば、推計における変数の設定の仕方によっては、ガーツキーの主張したような結果が出てこないという（Dafoe 2011）。

そして、民主主義の平和の効果のほうが強く、商業的平和の議論にはデータ的裏付けがないと論じている。こういった批判がある以上、理論的な「お話」としてガーツキーの議論は魅力的であるが、そのデータ分析の内容は鵜呑みにはせず、疑うべきである。

このような留保がつく研究は決して少なくない。というのも、データの構築過程で何らかの間違いは起こりうる。データ分析に際して、推計方法の「選択ミス」も起こるだろう。それがいかに慎重に行われたものであっても、すべての研究結果をそのまま無批判に信じるべきではない。

ゆえにデータの再解析、追試が奨励されるのであり、ガーツキーの研究も彼が堂々とデータとデータ分析コードを公開していたからこそ、その分析手法に対する批判が寄せられ、また分析結果の問題点も指摘されたのだ。

なお、著者も満足できないデータであっても刊行物に付随するデータはすべて公開している。その基本的な姿勢を有していない者は社会科学者と名乗る資格はない。

サーベイ実験による実証研究

経済的相互依存が平和をもたらすという議論は、何も戦争の生起確率が貿易相互依存や投資の相互依存のデータと連動して変化すること（これを共変という）を示すだけで検証されるわけではない。ほかにも論証の可能性がある。

本書の著者はオランダ・フローニンゲン大学の田中世紀《せいき》とイギリス・エセックス大学のクリスチャン・グレディッシュとの共同研究として、経済的相互依存の情報刺激がわれわれに平和的な態度をとらせるのかを検証するサーベイ実験研究を行ったことがある（Tanaka, Tago and Gleditsch 2017）。ここで情報刺激とは、オンラインのサーベイ実験の場合、何らかの文章を架空の新聞記事などの形で読ませ、実験参加者に提示するものを指す。なお、単純なサーベイ調査とは異なり、この刺激に複数の異なる種類を作り、それをランダムに割り当てることで実験が行える。

つまり、サーベイ実験研究とは、インターネットを用いた世論調査に実験を組み込んだものである。経済的相互依存の情報刺激が「ある群（刺激群）」と「ない群（統制群）」をランダムに割り当て、ゆえに二つの群の間で刺激以外は男女の差や平均年齢、平均年収など同質化がはかれる。同質な二つの群で結果変数に違いがあれば、それは実験で与えた情報刺激の有無によるわけで、その因果効果をとらえることができる。

ここでは統制群に対して「日本政府は今日、自衛隊の護衛艦（艦船）を尖閣諸島の沖に配置することを決定しました」という文章を読ませ、刺激群に「日本にとって中国は最大（輸出入とも第一位）の貿易相手です。このように両国は重要な経済的関係にあるにもかかわらず、日本政府は今日、自衛隊の護衛艦（艦船）を尖閣諸島の沖に配置することを決定しました」という文章を読ませてその反応を比較した。

結果、日本政府のエスカレーション行動を支持する人は、刺激群では統計的に有意に低いことが示され、よって相互依存情報が、国民の認識レベルではあるが、紛争の激化を抑制する効果を持つことがわかった。

3 国際介入が平和を作る——国際制度の平和論

集団安全保障の機能不全

最後に紹介するのは、国際制度の平和論である。国際制度の平和担保効果はいくつか議論があるものの、いわゆる集団安全保障の仕組みは広く知られたものである。過去には国際連盟（連盟）、今は国際連合（国連）がその機能を持つとされているが、北大西洋条約機構（NATO）もその内部に対しては同様の機能を果たすといった見解が示されている。

集団安全保障とは、相互に平和を約し、武力に訴えず国際関係を調整することを誓うものだ。しかし、仮にその誓いを破るものが出てきて戦争に訴える場合には、一定の手順を踏まえてそれを侵略行為と認定し、その認定をもって加盟国全体に対する破壊行為を強制排除する国際行動を実施するという仕組みである。

この仕組みの存在は戦争に訴える行為を抑制するとも考えられた。いわば警察の仕組み、より正確には自警団というべきだろうが、治安をたもつ制度を国際関係にも導入するという話である。

ただし問題は、連盟の場合には戦争が完全には違法化されず、かつ脅威認定に対する意思決定が全会一致というハードルが高いものであった点だ。さらには大国が率先して連盟の意向を無視した結果、その警察力も生かされなかった。

国連の場合にも安全保障理事会の意思決定が米ソのいわゆる拒否権の行使のためにできず、強制措置の国際行動はほぼ一九九〇年代までなかった。冷戦後の一九九〇年以降は急速に国連憲章第七章の安保理決議が採択されるようになり、強制措置も増えるが、その効果には懐疑論のほうが多いかもしれない。たとえば、北朝鮮に対する制裁は、憲章第七章の強制措置としてのとりきめである。制裁下にもかかわらず、北朝鮮がミサイル開発や核開発を継続していることは周知の事実だろう。

国連ＰＫＯの科学的な評価

他方、国連は憲章の「六章半」として平和維持活動を積極的に実施してきた。国連憲章第六章は平和的な紛争解決を、同第七章は強制行動を規定しているので、平和維持活動は平和的な説得と強制行動の中間にあるとして「六章半」と呼ばれてきた。また、冷戦後には強制行動により主眼を置いた平和維持軍が作られることも出てきた。

展開する地域の当事者の合意を得たうえで、しかし平和のために時に積極的な役割を国際制度が負うための、憲章制定時には想定されていなかった仕組みだと言える。こういった平和維持活動は、平和をもたらしているのだろうか。

一九九六年にポール・ディールらが刊行した論文では悲観的なデータが示されている(Diehl, Reifschneider and Hensel 1996)。国際危機を扱ったICBデータ(補遺参照)のなかの国家間紛争に着目し、いったん国家間の紛争が終わったもののそれが一〇年後に再起してしまう確率を計算した。その際、国連平和維持活動の有無で区別をし、それぞれがどの程度、再起確率を変化させるかを調べた。

単純な集計では、国連平和維持活動がある場合は一〇年以内に同じ紛争が再起してしまう割合が五七パーセント(一〇七件)なのに対して、同活動がない場合には同割合は四七パーセント(三五件)であった。さまざまな条件を統制した回帰分析でも、国連平和維持活動がある場合に紛争の再起確率が高まってしまうことが示された。

ただし、この論文を鵜呑みにするのは避けるべきだ。というのも、国連平和維持活動の有無などの要素がランダムに決まるのではなく、国連の意思決定によるからである。要するに、国連は、解決が難しく、再起しやすい対立であるほど関与しやすい可能性がある。だからこそディールらのような知見が得られてしまうのかもしれない。

このように介入が結果と独立せずに選択されることが引き起こす分析上の問題を「内生性の問題」と社会科学では呼び、一九九六年段階ではいざしらず、現時点の政治学方法論の水準で考えるとディールらの研究には大きな分析上の欠陥があると評価するほかない。

その点で、現時点でよく引用されるのが、ヴァージニア・ページ・フォルトナの論文である（Fortna 2003）。フォルトナの *International Organization* 誌掲載の論文では、停戦合意の効果の科学的分析とともに、国連平和維持活動の効果が評価されている。

その回帰分析によると、①停戦合意がある場合に国連平和維持活動でも大規模な部隊派遣がない場合は監視団の効果は高く、戦争の再起確率を引き下げる。しかも、②大規模な部隊派遣をともなう場合でも、停戦合意後に派遣されはじめたものについては戦争の再起確率を引き下げる効果があるという。

フォルトナは、平和維持活動の存在が情報の非対称性を緩和して、意図や能力の見誤りによる戦争を防ぎ、かつ、突発的な事件が起きたとしてもそれがエスカレーションすることを予防する手段を提供するためであるという議論がなされている。

ここまでを手短にまとめておこう。国家間の戦争の可能性を低くするという意味での平和の条件として、民主主義国同士の平和、報道の平和、商業的平和、制度的平和といった様々な議論とデータ的裏付けがある。中心にあるのは政治体制に着眼する民主的平和の議論であり、平和の条件として民主主義国のペアに顕著な戦争抑制効果があること自体に対する異論はもうない。

しかし、それが本当に民主主義という政治体制によって引き起こされているのか、または他の要因（たとえば経済的相互依存）によって生じているのか、つまり、いわゆる見かけの相関・擬似相関なのかは諸説ある。しかし繰り返しになるが、見誤ってはいけないのは、そういった議論の中心には民主的平和論の存在があるという事実で、その研究は確固たる存在感がある。おそらく、デーヴィッド・シンガーの第一法則（第1章参照）を思い出すならば、唯一の決定要因はなく、それぞれに複数の因果効果が存在する可能性を意識しておく必要があるだろう。

第4章　内戦という難問

ここまで国家間戦争を中心にして議論をしてきたが、現代世界でもっとも戦争の被害を生み出しているのは内戦である。第4章では、内戦について考える。

1　資源をめぐる争いが内戦を生む——資源の呪い

二種類の内戦——首都か、自治か

一九九〇年代以降、内戦の数は国家間戦争のそれを上回っている。一九九〇年以降、国家間戦争は起きても年一ダイアッド程度で、例外的に一九九九年は七ダイアッドがあるものの（インド対パキスタン、エチオピア対エリトリアなど）、ゼロの年もあった（一九九八年）。対して内戦は毎年四から一〇件を数える。

合理的戦争原因論で言えば、内戦も国家間戦争と同じように交渉の失敗として議論でき、

第2章で述べた戦争の三大原因（情報の非対称性、コミットメント問題、価値不可分性）も同じように当てはめられる。

内戦は国家（中央政府）とそれに対抗する反政府グループとの対立が、一定の武力衝突に達する場合に観測される。アフリカや中東で多くの内戦が行われてきたという印象があるだろうが、そのほとんどが反政府グループが中央政府にチャレンジする構図で説明できる。

他方、一般的に国家間戦争のように理解されているが、内戦を起源とするものがある。たとえば、朝鮮戦争やベトナム戦争である。朝鮮でもベトナムでも、もともとは南北の二つの勢力のどちらが正統な政府かを争い始まった。その後、他国の介入があったことで国家間戦争に変質するが、問題の起源は内戦である。

内戦における争いの種類は、大きく分けて、①唯一の政府としての存在を争う「首都をめぐるもの」と、②ある国の中の一部地域の「自治権確立、または分離独立をめぐるもの」の二つがある。

二〇一〇年代に深刻化した、いわゆるシリア内戦は前者の形で始まった。一九九〇年代のユーゴスラヴィア紛争は後者の色合いが強い。シリア内戦は二〇一一～二〇一二年の中東諸国の民主化運動である「アラブの春」の動きを受けてアサド政権に反政府組織が組織的武力攻勢を仕掛けたことに起因し、テロ・グループであるイスラム国や少数民族のクルド人の問題なども複雑に絡み、長期化している。ユーゴスラヴィア内戦は多民族の連邦国家であったユーゴスラヴィアが冷戦の終結を受けて不安定化し、クロアチアやスロベニアといった比較的な裕福な地域の一方的な独立宣言を受けて分離独立をめぐる争いになった事例である。

仮に、クーデターや革命が生じ、前政権側がそれに抗うことがなかったら内戦にはならない。圧倒的な力の差を受け入れ、自ら身を退くこともあるだろう。前政権の政治リーダーらが亡命して中央政府のありようが変わることは内戦ではなく、そこに至る前の首都をめぐる争いの有無が重要となる。

また②は、領域の一部の独立を平和裏に交渉で解決することも十分に可能であろう。具体的には、チェコスロヴァキアが一九九三年に連邦制を解体し、チェコとスロヴァキアに分かれたことを想起したらよい。反対に、政府と反政府勢力間の情報の非対称性が解消されずに、双方ともに譲らないと交渉解（第2章の図5～7の数直線で言えば、両当事者が戦争よりも交渉を互いに望んでいる範囲のうちのどこかの点）が生まれず、どちらかが交渉よりも戦争を選択して内戦がはじまってしまう。

コミットメント問題と内戦

内戦がともすれば国家間戦争よりも厄介になるのは、ひとたび戦争が起きるとコミットメント問題がその終結を難しくすることにある。第2章でみたように、コミットメント問題とは相手の約束を信じられないこと、そして同じく相手も自分の約束を信じない可能性があることが、戦争を不可避にするメカニズムである。交渉して妥協点を見出しても、その約束が反故にされると疑う余地が大きい場合、和平は望めない。内戦でも、政府と反政府という構図が両者間の約束をもろくする。

政府軍と政府の転覆を狙う反政府軍の間で衝突が起こり、一定数の死者も出た。しかし戦闘を通じて両者の力と意図をめぐる情報の非対称性は解消されていった。力が拮抗しているため戦闘の継続は両者ともにコストが大きい。そのため交渉が賢い選択だと両者とも思うようになった。

そして、政府側が反政府側に終戦後の自治権付与を約束し、和平をもたらすための交渉が試みられたとしよう。政府にとっての妥協は自治の容認であり、反政府側の妥協は政権を奪取できないものの、自治権の取得に甘んじるというような構図である。政府側は、戦後の自治権付与の約束を文書化するという。ただし、政府は反政府側に武装解除を求め、政府軍が武器の管理を行うことを認め、内戦がもう起こらないように担保したいとも提案している。

反政府側はこの交渉に応じるだろうか。

可能性は低いはずだ。なぜなら、政府が自治権付与の約束を反故にする可能性が捨てきれないと考えるからである。いったん武装を解き、政府軍側に武器を引き渡せば、政府は自治権を付与しなくても内戦の可能性を封じることができる。

たしかに、自治権を導入する制度を先に政府に導入させてから武装解除もできるかもしれない。ただ、そうなると政府は反政府側が武装解除に本当に応じるかを疑うだろう。約束が守られるという保証を当事者間で担保できない構造は、戦争を特に長引かせてしまう。内戦が圧倒的に政府側が強いか、または圧倒的に反政府側が強いと早く終結しやすいのは、力が拮抗した場合の交渉による戦争終結が難しいことの裏返しでもある。

石油・ダイヤモンド・麻薬

内戦の引き金となる対立の争点には、どんなものがあるだろうか。

まず、内戦を「資源の呪い」として説明する考え方がある。ポール・コリアーなど、世界銀行の主導する研究グループが特にこの議論を提示し、データ分析を行ってきた（Bannon and Collier 2003）。

内戦が、首都か自治かをめぐる争いであることを示したが、どちらを狙うのであれ、その背景には資源をめぐる争いが隠れていることはたびたびある。資源があってもその恩恵をうまく分配できない政治体制では内戦に至ることは容易に想像できる。資源でも、換金性が高

内戦の起きている国（地域）	期間	争いの対象の資源
アフガニスタン	1978-2001	宝石類、アヘン
アンゴラ	1975-2002?	石油、ダイヤモンド
アンゴラ（カビンダ）	1975-	石油
カンボジア	1978-1997	石油
コロンビア	1984-	石油、金、コカ
コンゴ（共和国）	1997	石油
コンゴ（民主共和国）	1996-1997, 1998-	銅、コルタン、ダイヤモンド、金、コバルト
インドネシア（アチェ）	1975-	天然ガス
インドネシア（西パプア）	1969-	銅、金
リベリア	1989-1996	木材、ダイヤモンド、鉄鉱石、パーム油、ココア、コーヒー、マリファナ、ゴム、金
モロッコ	1975-	リン酸肥料、石油
ミャンマー	1949-	木材、スズ、宝石類、アヘン
パプアニューギニア	1988-	銅、金
ペルー	1980-1995	コカ
シエラレオネ	1991-2000	ダイヤモンド
スーダン	1983-	石油

表1　内戦国（地域）と資源　出典：Ross 2003: 18

いもの、石油やダイヤモンド、麻薬などはその有力な候補になる。

この研究グループが提示するデータ（表1）は、内戦が資源の存在と何らかの関係をしているように感じさせる。アフガニスタンやコロンビアは、麻薬と関係して長期間の内戦に見舞われた。西アフリカのシエラレオネのダイヤモンドは、レオナルド・ディカプリオの主演映画『ブラッド・ダイヤモンド』でも知られるように内戦と資源の関係を象徴的に示す事例と言われる。

しかし、著者は資源が内戦の原因になるという議論に全面的には与《くみ》しない。というのも、資源を有しても内戦が起きない国が多くあるからだ。サウジアラビアやイランは資源国であるが内戦を経験してはいない（もちろん、クーデターや革命の話はあるかもしれないが、定義を満たすような内戦は起きていない）。イギリスやノルウェーは北海油田という共通の資源を抱えるが、両国の中で内戦が生じることは考えにくいのではなかろうか。

それは、イギリスやノルウェーが資源の利益をうまく国民に配分する制度を持ち、民主主義体制を通じて内戦という暴力の手段で訴えなくてもいい仕組みを整えているという側面がある。しかも、北海油田のように高い掘削技術が必要な資源には大きな投資が必要である。そこで内戦などしていたら、資源が眠っているとみんな知っていても、安定した規模での投資はなされず資源が得られなくなる。

このため採掘がきわめて難しいからこそ、合理的に考えて暴力での奪い合いをしないで投資を呼び込むという計算が働いているとも説明できる。おそらく、内戦が起きるには資源をうまく分配できない政治体制という前提条件が必要なのだろう。そして、換金しやすい遠隔地の資源をめぐる場合には分離独立が、外国からの資本を得て大規模な開発をするような種類の資源を狙うならば首都をめぐる争いになるなど、資源の種類は内戦の形をある程度決めうるだろう。

それでは、資源の他には何が内戦を生むのだろうか。

2　不平等が内戦を生む――不満の顕出

個人間の（垂直的な）不平等

一九九〇年代後半以降、内戦の原因として有力視されているのは、不平等と不満である。不平等は人間の相互作用に加え、人間が生み出した制度（慣習）が作り出すものである（インドのカースト制などはその典型であろう）。そして、制度的な不平等問題の解決は時に暴力ではかられる。

不平等を考える際、個人間の垂直的なものが多くの基礎になる。所得や学力といった個人に付帯する格差は垂直的不平等として知られ、ゆえにさまざまな形でそれをデータとして計測し、理解しようという学問が存在する。

ただし、単に個人が不満を抱えても、政府に対する集団的かつ暴力的反抗を生むことはない。不満が複数の個人で共有され、その解消のために集団が協力すること、すなわち反政府勢力を生み出す仕組みが必要になる。そこに焦点をあてるのが集団間の不平等の研究である。

集団間の（水平的な）不平等

不平等が固定化し、制度化されていくと、ある属性をもった集団間の「水平的な不平等」が生まれていく。政府や社会のあり方によっては、性別や民族、言語や宗教の帰属の違いによって自由や生活に格差が生まれうる。

政策選択としての不平等の創出である多数派への優遇政策や、政策ではないものの社会に埋め込まれた多数派側の偏見や疎外による不平等の創出は、深刻な集団間の格差を生み、その格差は社会集団間のうち、差別されている側の強い不満を生み出す。内集団ひいき、外集団差別として知られるが、社会的に何らかの集団の区別の基準が生まれ、その認識が広がると集団間不平等が固定化してしまうのは想像に難くない。

不平等は集団間の場合、多種多様な側面に及ぶ可能性が高い。所得や雇用、そして教育や保健医療、住宅といった社会サービスへのアクセスにおける不平等もあるだろう。所得や雇用で不利な人々は教育でも不利に扱われ、社会的な成功を手にするチャンスを得にくい。親から子へそういった社会的な不平等は相続され、それらは負のスパイラルを生む。

政治的参加の機会のほか、中央政府ポスト、軍や警察といった治安機関、地方政府機関での雇用の可能性といった権力資源の配分でも集団間差別が起こりうる。より根源的・文化的なものとして、各集団の慣習や言語に対する差別もなされ、重層的に集団間の不満を生み、蓄積させることになる。

このような集団間の格差は、資源のある国で生じれば、資源がない国よりも大きな不満を生み出すと予想できる。なぜなら資源の富が一部の集団でのみ配分されるため、資源が多いほど国内での集団間の差も目立つことになるからである。

シダーマンらの実証研究

スイスのチューリッヒ工科大学のラース・エリック・シダーマンらは、集団間の水平的不平等が内戦にどのように関係しているのかをデータで検証した(Cederman, Gleditsch and Buhaug 2013)。

彼らは、コリアーら経済学者たちが資源の呪いに内戦原因を求めることに異を唱える。そして、集団間の水平的不平等が社会における不満を惹起し、その不満が内戦という選択肢を人々にとらせる可能性を強調する。

もちろん社会的な不満の存在が自動的に内戦を生むのではない。健全な運動は差別の撤廃を社会的に実現する力にもなる。ときに内戦にまでいたらずに解消されていく場合もある。ただ、社会の不満を強調して既存のエリート層を攻撃し、新しく差別を受けていた集団の憎悪を利用して権力を得ようとする人物がいると問題が深刻になる。

というのも、その人物は差別された集団のメンバーに対して敵対視すべき差の存在を認識させ、自らがその問題を解消するための闘争を率いる正統な指導者だと示そうとする。この誘因がある以上、不平等の存在はうまく利用され、被差別集団の構成員は動員され、しかもリーダーは差別と戦う姿勢を示すために政府に対する過激な行動に躊躇しなくなり、暴力はその代表的な対応になる。その結果として内戦が不可避な状態になる。

シダーマンらは、過去の研究が適切な集団間の水平的不平等と不満に関するデータを構築してこなかったと批判している。事実、シダーマンらの研究のもっともオリジナルな貢献は「集団単位」のデータを構築したことにあろう。

たとえば、集団の政治的な平等側面については、①政治体制に組み込まれているか、②疎外されているかをコード（定義のリストを参照して数字を振ること）している。

①には、権力を独占している集団である場合や、圧倒的優位にたつ集団の場合、パワー・シェアリングといって複数の集団で共同統治に参画する場合などが含まれる。

②には、いくつかの類型がある。

【A】まったく権力をもつことのない集団（例、議会制度があるものの、議員を送り出せないイスラエルのパレスチナ人たち）

【B】差別を受けている集団（例、トルコのクルド人やエストニアやラトビアにおけるロシア人）
【C】地域的な自治を与えられているものの中央政治に参画できない集団（例、旧ユーゴスラヴィア連邦におけるハンガリー系のヴォイヴォディナ自治州）
【D】分離独立をもとめている集団（例、ボスニア・ヘルツェゴヴィナからの分離独立を求めたセルビア人やグルジアのアブハジア人）

経済的な側面についても、各集団の居住地域とその経済的豊かさから空間的な経済格差を推計し、データ化している。

ここで、政治的な面で水平的な平等を欠いている場合、シダーマンらの研究結果によると、【A】は五三二〇（集団・年）のうち、内戦を起こしたのが二五（集団・年）あり、割合としては〇・四七パーセントであった。【B】は九七三五（集団・年）のうち、内戦を起こしたのが六三（集団・年）あり、割合としては〇・六四パーセントであった。【C】は五〇三八（集団・年）のうち、内戦を起こしたのが六三（集団・年）あり、割合としては一・二五パーセントであった。【D】は四八九（集団・年）のうち、内戦を起こしたのが二七（集団・年）あり、割合としては五・五二パーセントであった。

これに対して、社会的に優遇されていると考えられる、政治体制に組み込まれている集団については、一二九〇二（集団・年）のうち、内戦を起こしたのが二九（集団・年）あり、割合としては〇・二パーセントに過ぎなかった。圧倒的な差がある。

経済的な面で水平的な平等を欠いている場合にも、統合されずに疎外されている集団が内戦を引き起こす確率は相当に高く、疎外されていない集団との比較で、内戦の開始確率が大きく違ってきてしまうという計算が得られている。疎外された集団が引き起こす内戦の開始確率は一〇パーセント程度で、疎外されていない集団が内戦を起こす確率はほぼゼロであった。

シダーマンらの研究は、単にデータ分析だけではなく、豊富な事例が取り上げられ、彼らの提示した理論と回帰分析の裏付けを事例の記述が補っている点でさらに評価できる。政治的な不寛容政策の実施で一部の集団がより強い疎外感を受ける状態になったとたん、政府に対する反乱を起こし、内戦に近い状態におちいった一九八〇年代のトルコのクルド人の事例など、証拠がしっかり示されている。

もちろん、この研究にも批判がないわけではない。逆向きの因果関係がある可能性は捨てきれないし、それはシダーマンらも認めている。つまり、内戦が集団間の不平等を作り、また不満を生んでいるという逆の因果関係の可能性である。

戦争の原因は複数あると考えるべきなのだから、不平等と差別だけが内戦の原因だと主張しているわけではない（この点、さまざまな戦争原因の仮説については、第4節で論じる）。しかし、シダーマンらの研究を含め、集団間の不平等には急速に研究者の関心が集まっている。

3　内戦に対する国際介入は効果があるのか？

介入の効果の研究

国際介入が国家間戦争を抑制する効果に関しては研究を紹介したが、もちろん内戦に対する効果の研究も存在する。というよりも、近年の研究の主眼は、国際介入がいかに内戦を抑制できるのかにシフトしている。

二〇〇〇年の *American Political Science Review* 誌に掲載されたマイケル・ドイルとニコラス・サンバニスの共同研究は、内戦のデータと国連平和維持活動のデータを統合し、内戦後の平和の期間がどれだけ長く続き、内戦の再起する確率をどこまで下げるのかを検討した画期的なものであった（Doyle and Sambanis 2006）。二〇一三年のカイル・ビアズリーの研究や、ヴァージニア・ページ・フォルトナの研究もあわせても（Beardsley 2013; Fortna 2008）、内戦が終わったあとの「平和の期間」を、国連平和維持活動はより長時間維持する効果があると考えてよさそうである。

結果	任務	平和維持活動の存在	兵員の規模	警察機能	監視団
平和の期間の長さ	正	正	正	―	―
紛争の期間の長さ	正	混合			
民間人の殺戮数	正		正	正	負
ジェノサイド		長期には正 短期には負			
戦闘による暴力			正	―	―
平和的な解決		混合			
地理的な封じ込め	正	正	正	負	―
局地的な平和の期間の長さ		正	正		
局地的な紛争の期間の長さ		混合	混合		
平和構築	正	正	―		

表2　平和維持活動が紛争に与える影響評価
出典：Salvatore and Ruggeri 2017

しかもオックスフォード大学のアンドレア・ルゲリやエセックス大学のハン・ドルッセン、イズミネ・ギゼリスの共同研究によれば、国連平和維持活動は内戦の継続時間をそもそも短縮しているという（Ruggeri, Dorussen and Gizelis 2017）。また、リサ・ハルトマンらの研究によると、内戦の死者数も減らす効果があるという（Hultman, Kathman and Shannon 2014）。

しかし、アンドレア・ルゲリらが作成した紛争に対する国連平和維持活動の効果をめぐる科学的研究の「まとめ」によると（表2を参照）、介入の効果が確認されているものと、そうでないものがある（Salvatore and Ruggeri 2017）。

表2の「正」とは、長さが長くなることなど、結果の起こる確率を高める場合を示している。そもそもデータがないこともあり、まだまだ検討が必要な状態である点には注意がいる。内戦の研究は比較政治学との境界線にある研究テーマであるが、研究者の関心は高く、新しいデータや理論が提示され、議論が続いている。

ルワンダ内戦への介入をめぐる論争

国際社会による内戦への介入が成功するためには、いくつかの条件がある。たとえば、一国事例研究ではあるものの、アラン・クーパーマンは、一九九四年のルワンダの大量殺戮を国際介入では防げなかったと指摘する(Kuperman 2001)。一国事例研究とは、特定の国を対象にした事例の分析で、一般的な理論の妥当性を確かめるには計量手法に及ばないものの、しかし因果連鎖のメカニズムを丹念に示せるといった利点がある。

ベルギーから独立したルワンダでは、多数派フツ族と少数派ツチ族の間で政治的な抗争がたびたび起きていた。ベルギーが民族の違いを利用して植民地統治をしていたこともあり、独立してからも根深い対立として社会に影を落としていた。一九九四年四月にハビャリマナ大統領が暗殺されると、フツ族過激派がツチ族とフツ族穏健派に対する組織的な暴力を呼びかけ、それが集団殺戮につながっていった。

しかし、国際社会はこの危機に関心を払わずにいた。一九九四年四月以降一ヵ月弱、事態の把握とその報道に時間がかかり、すでに全死者数五〇万人の半分である二五万人が殺戮開始後の三週間で殺されてしまっていた（集団殺戮は三ヵ月強続いたとされる）。つまり、気がつかないという壁がまず立ちはだかる。

しかも、介入には軍事的な派兵の意思決定を各国が迅速に行う必要があるが、できなかった。一九九二年から一九九三年にかけて、国連平和維持活動のためにソマリアに派遣されていた米兵が、アイディード派という武装集団のゲリラ攻撃で多数の犠牲を出した。この事件がアメリカ政府にとってのトラウマになっていたという。そのため当時のクリントン政権には、国連平和維持活動に協力する意思がなかった。他の国も及び腰で、ベルギーが提案したルワンダ派遣の国連平和維持軍の増強は認められずにいた。介入失敗の過去は、その後に波及する。

ただし、介入の決定ができていたとしてもクーパーマンの実証分析は、国際社会による軍事的な作戦が効果を生んだ可能性は高くないと結論付ける。というのも、ルワンダには大量の兵員と戦車・装甲車といった武器、兵員の必要とする物資を継続して送り続けるためのロジスティクス面での社会インフラがなかった。

そもそも、ルワンダは内陸国で、舗装された空港があるのは首都のみで、その舗装も大きな貨物を積んだ軍用輸送機が頻繁に離着陸するには向いていなかった。しかも、空港に航空燃料の給油施設がないために輸送機は帰りの燃料を積むほかなかった。これは輸送機に載せる荷物が減ることを意味した。よって、迅速に殺戮をやめさせ、抑止できるだけの国際部隊の展開は相当に難しかったと論じる。

クーパーマンの議論は、悲観的ではあるが説得的でもある。ただし、もしも早期に内戦の火種が見つけられていて事前処置ができていれば様子が違ったかもしれない。そのような考え方に基づき、国際社会が内戦の激化する前に予防措置をとることの重要性が語られている。その関連で、この事例の反省が早期警戒（Early Warning）の仕組みを国連に導入する契機になった。

もちろん、早期警戒があっても国際介入を誰が決め、誰が行うのかというかという問題は常につきまとうが、しかし、国連をはじめ内戦の兆候を早めに摑み、国際社会が手を差し伸べるべきという考え方は、いわゆる「保護する責任（R2P：Responsibility to Protect）」といった最近の人道介入をめぐる議論と整合する。

介入の有無を説明するもの

では、国際介入の有無はどのように決まってきたのだろうか。この点を扱った研究の蓄積がいくつかある。

まず、国連平和維持活動は冷戦中は特に米ソのどちらにも拒否権を行使されてしまい、どの陣営にも距離を置く他なく、その意味で中立的だと信じられてきたが、派遣先については安全保障理事会の五大国（常任理事国）の意思が相当に反映されているという研究がある。

特にマイケル・ギルガンらの研究は示唆的である（Gilligan and Stedman 2003）。ドイルとサンバニスらの内戦データをもとに、六〇の内戦に国連が平和維持活動を派遣して介入した条件が、どのように決まっているかを生存分析という回帰分析の手法で推計している。それによれば、①戦死者数が多ければ多いほど、②冷戦中に比べて冷戦後ほど、③他の地域に比べてラテンアメリカ・カリブ海諸国は、介入が早く行われることがわかった。おそらく、戦死者が大きければ関心も高くなり、冷戦後は国連安保理の機能が回復したことで平和維持活動をより発動しやすくなったこと、そしてアメリカの勢力圏にはアメリカが積極的に国際介入を行ってきたといった説明ができそうである。

他方、④アジア地域は相対的に介入が乏しく、かつ介入のタイミングも遅い。これは大国の関心の薄さの表れかもしれない。欧州への介入の可能性は高く、ここにも、安全保障理事会の常任理事国のうち主導権を握りがちであるアメリカ・イギリス・フランスの意向と関心が反映されている可能性がある。

属性	中央値	95% 信頼区間	平均値	95% 信頼区間
クーデター・革命	2.5	[1.6, 3.8]	3.1	[2.1, 4.8]
東ヨーロッパの旧共産圏の民主化	2.5	[1.5, 4.3]	3.2	[1.9, 5.5]
遠隔地	5.3	[3.3, 8.4]	6.7	[4.2, 10.7]
土地の子	23.9	[13.3, 43]	30.4	[16.9, 54.7]
密輸	19.8	[10, 39.1]	25.1	[12.7, 49.8]
それ以外	7.7	[6, 9.9]	9.8	[7.7, 12.5]

表3　内戦継続時間（単位・年）と戦争の属性　出典：Fearon 2004

4　早く終わる内戦、長引く内戦

フィアロンの実証研究

最後に内戦の継続期間と終わり方に関する科学的研究を紹介しよう。

合理的戦争原因論を唱えたジェームス・フィアロンは、短期と長期の内戦の線引きについて合理的な説明が可能とし、二〇〇四年、*Journal of Peace Research* 誌に、その後頻繁に引用される論文を発表した（Fearon 2004）。データ分析とゲーム理論の分析を、データが先でゲームが後という通常とは反対の流れで示す、やや異色ではあるが、著者は好感を持っている研究である。

フィアロンは一九四五年から一九九九年までに起こった一二八件の内戦について、その継続時間のデータを構築した。そして内戦の属性（種類）によって、継続時間に大きな違い

地域	中央値	平均	N（標本の個数）
東ヨーロッパ	2.3	3.2	13
北アフリカ・中東	4.7	6.7	17
西ヨーロッパ・米・カナダ・日本	6.0	8.5	15
ラテンアメリカ	6.9	9.8	15
サブ・サハラ・アフリカ	9.1	13.1	34
アジア	12.2	17.5	34

表4　内戦継続時間（単位・年）と地域的な違い　出典：Fearon 2004

があることを見出す。以下、表3や表4にある継続時間の平均値や中央値は、製品の寿命予測などで使われる（つまり、壊れてしまう＝戦争というイベントがどこかで終わってしまうことを製品が壊れることと同じように考えて）「ワイブル分布」という確率モデルにあてはめて推計したものである。

ワイブルは関数を定式化した統計学者の名前で、もともとはモノの破壊現象を確率的に考えるために作られた。破壊はもっとも弱いところにできた損傷が一気に拡大するメカニズムのため、その材料の平均的性格とは関係せずに、もっとも弱い点だけによって決まることになる。

具体的なイメージとしては、鎖の破断を考えるとき、鎖の強度は個々の環の強度の平均値で決まるわけではなくて、もっとも弱い環が破断する可能性で決まるので、それを確率モデルとして表記しようとしたのがワイブルであった。表3についてはワイブルモデルを用いた回帰分析の推計値で、九五パーセントの信頼区間が示されている。

表3では、内戦の原因にも関係するいくつかの属性（種類）によって、その継続時間の中央値と平均値が示されている。「クーデター・革命」「東ヨーロッパの旧共産圏の民主化」「遠隔地」「土地の子」「密輸」「それ以外」といったカテゴリが用意されている。クーデターや革命は、先ほど示した首都を奪う形の内戦の原因である。東ヨーロッパの旧共産圏の民主化も同様に一党独裁体制を打破する体制移行にともなって起きた内戦を区別したものである。

次に、遠隔地とは分離独立を目指すような他国ないし海で隔てられた飛び地で起きる内戦を示す。土地の子とは少数派集団が特定の土地の権利を争って起こす分離独立型の内戦を指す。密輸は内戦が資源産出の地域で起こり、資金源となるような活動をともなう場合を指し、それ以外は文字通り、列挙された項目のどれにも該当しない内戦が含まれる。表4には主要地域ごとの内戦継続時間も記録されている。

この二つの表から見出せることを整理してみよう。クーデターや革命、東ヨーロッパの旧共産圏の民主化が原因の「首都をめぐる内戦」は平均して三年程度であるのに対し、遠隔地、土地の子、密輸といった「分離独立型の内戦」で、かつ「資源が絡む内戦」については七年から三〇年とかなり長くなっていく。地域差もあり、ほとんどが首都をめぐる内戦ばかりの東欧では三年程度であったのが、アジアやサブ・サハラ・アフリカ地域（サハラ砂漠より南の地域）では平均が一三年から一八年と長期間の事案が多くなっている。

この違いは合理的戦争原因論であれば、かなり整合的に説明ができる。首都をめぐる内戦は能力差の情報非対称性が解消されるころ、もしくは政府ないし反政府のどちらかの勢力が勝利し、比較的短く終わる。

これに対して分離独立型の内戦は、相手側の意図をはかることがより難しい。たとえば、遠隔地の場合には首都から離れ、彼らのことを監視するのは難しくなる。反乱軍側は、おさえている土地から継続的に資源を売り、戦争の資材を調達できる。しかも当該土地にいる住民から戦争への参加者をリクルートできる。ゆえに、情報の非対称性は解消せず、機会があるために内戦はさらに続いてしまう。

ここまでで内戦が科学的な戦争研究によってどのように理解され、説明されてきたのかを概観してきた。フィアロンの理論的枠組みを応用した研究が多くを占め、そこではさまざまな理由が唱えられていた（例、資源をめぐる争奪、クーデターや革命など）。

また、最近の研究では、格差と不満といった集団間不平等という要因に着目する研究が増えてきている。そして、フィアロン自身の研究になるが、長期化する内戦や短期で収束する内戦の違いについても、その原因が関連するとされる。対立構造が戦争の終わり方を決めるのは国家間戦争と同じである。なお、内戦のほうがコミットメント問題が先鋭化しやすい。

内戦についての説明を終えたところで、次は今までに整理してきた科学的な戦争研究の考え方やデータがどのように日本の安全保障を理解するために応用できるかを述べる。

第5章　日本への示唆

ここまでで紹介した研究や著者らの行ってきたデータ分析を踏まえ、本章では戦争と平和の科学が日本の安全保障政策にもたらす示唆を論じたい。

まず国力が国際政治の理解と説明においてもっとも基本的な要素であることを踏まえ、日本が他国と比べてどのくらいの国力を保持しているのかを知るところからはじめよう。

1　日本の安全保障環境

国力とその変化

国力の分布とその変化をとらえるのは、簡単なことではない。戦争の相関研究（ＣＯＷ）では、国力統合指数（ＣＩＮＣ：Composite Index of National Capability）という複数の指標を合わせたデータが存在するが、その妥当性には批判も少なくない。

ただ、現在の科学的な戦争研究ではこのデータに依拠して判断を行うことが基本的には受け入れられている。たとえば核兵器の有無など、国力を反映する指標には他にもあることを指摘したうえで、あえてここではCINCを用いたい。

CINCスコアは、その国の人口数、都市圏人口数、鉄鋼生産量、エネルギー消費量、軍隊の規模、軍事支出の大きさという六つの項目を標準化して足し合わせ、世界に占める割合を計算したものである。二〇一七年公開の最新バージョンのCINCデータによると、二〇〇二年と二〇一二年での国力が大きな国は表5のようなリストになる。

この一〇年間で国力の第一位と第二位が入れ替わり、アメリカを中国が抜いている。二〇〇二年では両国の国力差はほぼない状態であったが、二〇一二年には大きく差が出てきていることも特筆できるかもしれない。リストの上位に入る国の顔ぶれはほぼ変化していないが、フランスが脱落し、二〇一二年にはイランが九位にランクインしている。

日本は急速な少子高齢化にあるが、一億人を超す人口を擁し、世界的に見れば大きな国で、都市化も進んでいる。先進工業国として鉄鋼生産量やエネルギー消費量も多く、また自衛隊という世界的に見て強力な軍隊を備え、防衛支出も大きい。ゆえにCINCによるランキングでも第五位に位置している。

ただし、世界に占める国力のシェアは五パーセント以下に過ぎず、中国やアメリカの五分の一から三分の一強といったところである。そして、日本の場合には人口を代表的なものとして、CINCスコアを構成する要素は減少傾向にあり、このままでいくとスコアは小さくなり、世界に対する割合も減っていくことが予想されている。実際に、このデータがカバーする一〇年間にもスコアは〇・〇四九から〇・〇三六に減っている。つまり、一〇年間に二五パーセント以上減少した。

では、このような国力の分布とその変化は紛争の生起確率にどのように関係するのだろうか。その問いに答えるべく、ダグラス・レムケによるパワー移行論（Power Transition Theory）の実証結果を紹介しよう。パワー移行論は国家同士の力が拮抗している時ほど安定するというわゆる勢力均衡論（バランス・オブ・パワー）と対照的で、力の差がある時のほうが国際秩序は安定すると考える。むしろ国力変化が起きて、国力について今まで優勢だった国の力が減り、相対的に今までの国際秩序に不満を蓄積させてきた国の国力が上昇すると戦争のリスクが高まるという。国力に大きな開きがあれば弱い国は軍事行動を抑止され、戦争に訴えることはない。その計算結果は、表6と表7に示してある（Lemke 2002）。分析単位は一〇年・ダイアッドである。

国際秩序に対する不満が少なければ、現在の体制を担っている国にチャレンジすることもない。しかし、能力が均衡した状態で不満があると、挑戦国は現状維持国に武力を用いて国

	鉄鋼生産量	エネルギー消費量	総人口	都市人口	CINC スコア
	91587	3227356	290270	157321	0.154
	182249	2023332	1295322	294634	0.153
	28814	783427	1076706	163082	0.073
	59777	1083957	145521	50475	0.050
	107745	692523	126249	80676	0.049
	45015	479358	83685	15027	0.025
	29604	244504	179394	78129	0.025
	45390	301256	46394	30826	0.024
	20258	264703	60048	21473	0.019
	11667	362691	59432	25594	0.019

	鉄鋼生産量	エネルギー消費量	総人口	都市人口	CINC スコア
	731040	5333707	1377065	440254	0.218
	88695	3159873	317505	183712	0.139
	77264	1385461	1236687	223768	0.081
	70209	1356742	143170	53585	0.040
	107232	737482	127250	86437	0.036
	34524	345842	198656	94199	0.025
	69073	444461	49003	32959	0.023
	42661	468740	82800	15605	0.018
	14463	397332	76424	28265	0.016
	9579	315502	62783	28933	0.015

順位	国名	国番号	年	国防予算	兵員規模
1	アメリカ	2	2002	348555000	1414
2	中国	710	2002	68963000	2270
3	インド	750	2002	13749000	1298
4	ロシア	365	2002	50800000	988
5	日本	740	2002	39200000	240
6	ドイツ	255	2002	29404000	296
7	ブラジル	140	2002	9665000	288
8	韓国	732	2002	13081000	686
9	フランス	220	2002	36492000	260
10	イギリス	200	2002	38141000	210

順位	国名	国番号	年	国防予算	兵員規模
1	中国	710	2012	102643000	2285
2	アメリカ	2	2012	655388000	1569
3	インド	750	2012	33404000	1325
4	ロシア	365	2012	58765000	956
5	日本	740	2012	59077000	248
6	ブラジル	140	2012	35266000	318
7	韓国	732	2012	29256000	655
8	ドイツ	255	2012	40994000	251
9	イラン	630	2012	25249000	523
10	イギリス	200	2012	61274000	174

表5　2002年と2012年のCINCスコア上位　COWデータより著者作成.
国防予算：1000アメリカ・ドル　兵員規模：1000人　鉄鋼生産量：1000トン　エネルギー消費量：1000石炭トン相当　総人口：1000人　都市人口は都市の定義を10万人以上の行政区としたときの当該地域居住人口（1000人）

	大国間	中東	東アジア	南アメリカ	アフリカ
国力差大・現状に満足	2.5	2.5	2.5	0.28	0.3
国力同等・現状に満足	25.5	25.5	25.5	3.6	3.8
国力差大・現状に不満	28.0	28	28	4.1	4.1
国力同等・現状に不満	36.5	36.5	36.5	5.8	5.8

表6　パワー移行論の実証結果（統制前）　単位：ダイアッド・10年、数字は%。出典：Lemke 2002

	大国間	中東	東アジア	南アメリカ	アフリカ
国力差大・現状に満足	6.9	8.8	1.7	0.7	0.7
国力同等・現状に満足	50.4	56.9	19.0	8.8	8.4
国力差大・現状に不満	49.8	56.3	18.6	8.6	8.2
国力同等・現状に不満	65.3	70.9	30.2	15.1	14.5

表7　パワー移行論の実証結果（統制後）　単位：ダイアッド・10年、数字は%。出典：Lemke 2002

際体制を転換させようとするという。

二〇世紀初頭、覇権を握っていたイギリスに対して急速な工業化で国力を伸ばしていたドイツがイギリスのリードする国際秩序に不満を抱き、植民地政策でも反目して外交的かつ軍事的に挑戦し、ひいては第一次世界大戦につながっていったという経緯は、この典型的な事例として知られる。

表6は回帰分析に国力分布のデータだけを入れ、結果変数に影響しているはずの他の

説明変数をあえて抜いた「統制していない場合」の推計結果で、表7はたとえば地理的な近接性といった通常分析で加味すべきとされる説明変数のデータを入れている「統制後」の推計結果である。結果として、統制後の方が交絡の影響を取り除いた純粋な国力分布の効果を把握できる。

この表でわかるのは、統制前の場合、東アジアは中東と同じくらい危険度の高い地域であることだ。南アメリカやアフリカは国家間紛争に関しては、平穏といってもよい。他方で統制前と比べて統制後の東アジアの戦争の生起確率は大きく下がっている。もちろん、それでも国力同等・現状に満足の場合や国力不等価・現状に不満の場合には一九パーセントほどの確率で一〇年間に一度戦争が起きてしまう可能性がある。

そして国力同等・現状に不満という条件では、三〇パーセントほどの確率で一〇年間に一度戦争が起きてしまうリスクがある。このことは、日本も、特に中国の隆盛と日本の国力の減退というパワーシフトを目の前にしているなか、国家間戦争に直面する可能性が低くないことを示唆するデータである。

注意したいのは、予防戦争論（第2章　戦争原因としてのコミットメント問題）からすれば、戦争を仕掛けるのは力が増えていく側ではなく、力が少なくなっていくと予想される側であることだ。

国力が急速に低下するのが明らかなとき、賭けとして戦争に打って出るという予防戦争の論理は、第2章で述べたように日本の真珠湾攻撃にも当てはまる。著者は与しないが、このような論理を現在の日本に当てはめて考える人が、世界にいる事実を忘れないほうがよい。ただし日本側がエスカレーションをする可能性は理論的には筋の通った話で、まったく説得力がないと一蹴《いっしゅう》することもできない。

関連して、パワーシフトと現状に対する満足・不満が紛争をもたらす点について、ウィスコンシン大学マディソン校のジョナサン・レンションの研究書が、レムケとは対照的なデータを出しており、興味深い（Renshon 2017）。こちらの議論は、東アジアであれば、日本も中国もそのステータス（地位）に満足していない場合、軍事的なエスカレーションを選択するという。

レンションによると、国際政治での地位が現状の国際秩序に対する満足と深く関係していると説く。しかも、地位の認識は自分がどこに置かれているのかを認識として「参照するグループ」の違いで異なってくるという。

つまり、必ずしもすべての国が国際的な地位を気にするわけではない。自国が重視する地域圏や国家グループ（たとえばG20）で、自国がどういった存在であるとされているか、そこでの地位の変化が重要になる。仮にあるグループの中での大幅な地位低下があり、地位に

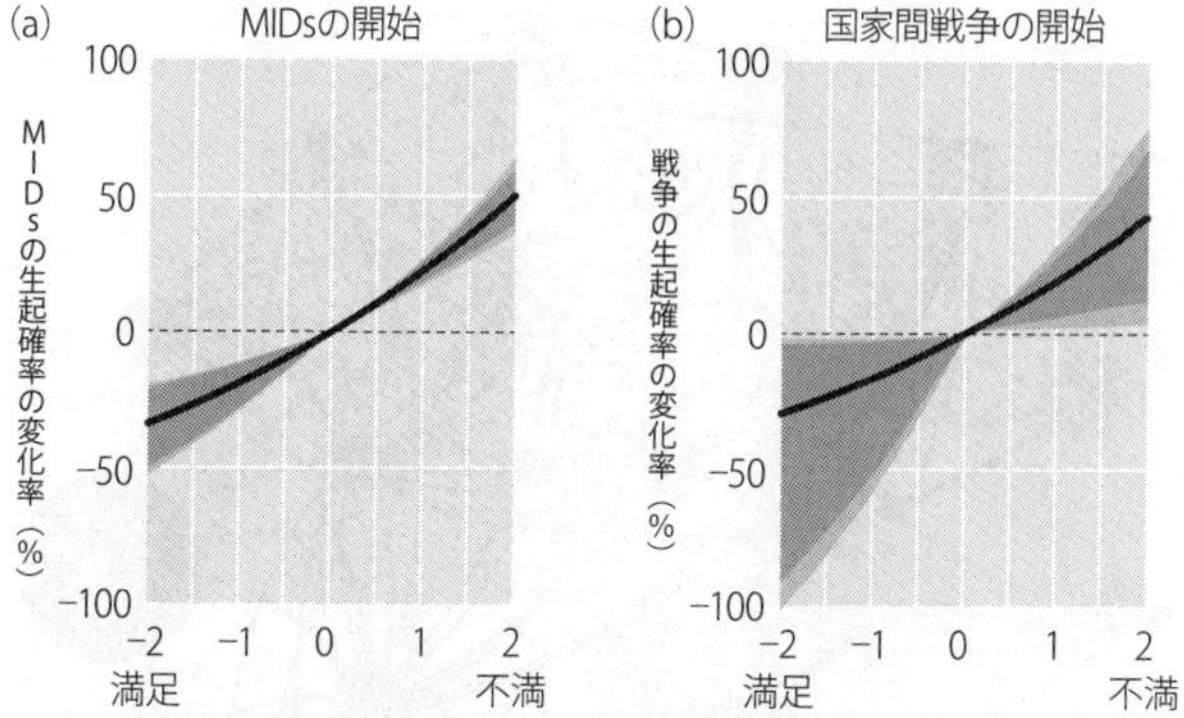

図9　地位に対する満足度が戦争とMIDsに与える影響
網かけは信頼区間を示している．出典：Renshon 2017

関する不満が生まれると、その地位改善を目論んで当該国は軍事的なエスカレーションを引き起こし、ひいては戦争の生起確率にも影響するという（図9を参照）。

レンションの著作の新規性は、論証にあたっての複合的な方法の利用にある。

①異なるグループにおける各国の地位とその時間的変遷を計測するためのネットワーク理論の活用（図10）、②地位低下の認識が軍事エスカレーションにつながっていくとの因果メカニズムの実験による検証、③地位低下変数を組み入れた回帰分析による戦争の生起確率の計算など、興味深い分析がつまっている。

類似する先行研究との比較でも、またこの研究の分析の洗練性を加味しても、レンションの議論の妥当性は簡単には揺るがないように考えられる。

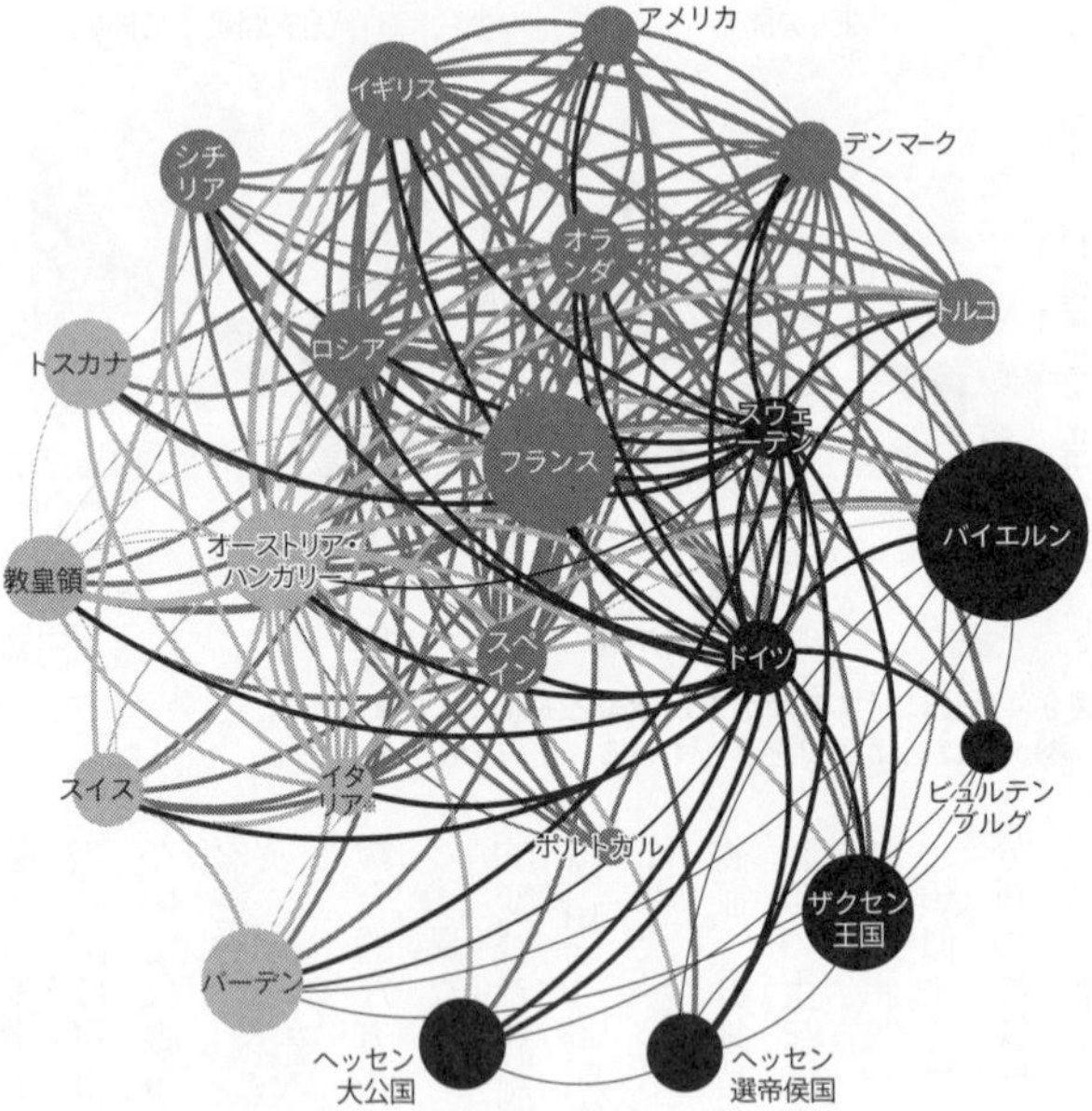

図10　1817年の国際社会での地位をめぐるネットワーク　COW データでは、1817年のサルディニアをイタリアと表記している
出典：Renshon 2017

図10はレンションが用いたネットワーク理論の操作化の一例である。外交使節の交換の度合いで計測した国家の地位の高さが円の大きさで示されている。フランスを軸にするネットワーク、オーストリア＝ハンガリーを軸にするネットワーク、ドイツを軸にするネットワークがあるなか、これを国力統合指数での順位と比較して現状に対する満足と不満を計測している。

なお、レンションが著書の最後で触れているが、アイディア次第では国際的な地位をめぐる不満の認識は変えられるのかもしれない。たとえば、アメリカが中国に対してG2という枠組みで首脳会談を設定し、その地位を高める戦略は有効だと指摘している。地域レベルでの地位の問題も同様で、不満のある国の地位を認識のレベルで上昇させることは外交上の工夫でできるように考えられる。したがって、データ分析の結果は必ずしもよい未来があると言えないが、東アジアでの国際安全保障環境がまったく悲観的に成らざるをえないわけではないと指摘しておきたい。

こういった国際的な地位に対する不満の感情とエスカレーション支持の態度は個人レベルの心理学的研究でも確かめられている。それを踏まえれば、国際的な地位をインフレさせて人々に印象づけることは対外的に強硬な世論の醸成につながりかねない。過度に自分の地位が高いと思わせるような教育や報道は避けるべきだろう。

加えて、小野寺史郎の『中国ナショナリズム』のような著作を読んで、いかに中国がその国際的な地位に不満を抱いてこの一五〇年強を過ごしてきたのかを理解することは東アジアにおける国際紛争の確率を考えるうえで重要だと言える。

2　領土問題と領土の平和論

三つの領土問題

次に領土問題を取り上げよう。

古くから領土紛争（territorial disputes）を対象とする研究は盛んになされてきた。デーヴィッド・シンガー曰く、地理的な近接性は戦争の相関プロジェクトの黎明期から戦争の生起確率に高く影響していることがわかっていたという。つまり、近接している国同士がより頻繁に戦うのであり、それは領土が原因であることがたびたびであった。

世界には数多くの領土紛争があり、それを一つも抱えていない国のほうがめずらしい。各国とも多かれ少なかれ国境紛争を抱えている。日本の場合には、国境を接する国・地域との紛争が、北方領土問題、竹島・独島問題、尖閣諸島問題と三つもある。

仮に先ほど示した民主的平和論を重視するのであれば、リスクが圧倒的に低いはずの紛争が一つ存在する。それは、当事者の両方が民主主義国である竹島・独島問題である。二〇一九年現在、ロシアは選挙を実施するものの、その内実は出来レースで事実上のプーチン大統領による権威主義体制である。中国は一党独裁制であり、民主的平和論を踏まえれば、日本との間には難しい関係性が生まれ、より深刻な問題となる。他方、日韓は民主的平和論に従い、かつ大きなパワーシフトもなさそうであれば、現状維持のうえで交渉をしていくことや国際仲介にゆだねることは現実的路線であろう。

ただし、民主的平和論に対する強力な反論として、領土の平和という議論が近年注目されている。この議論を踏まえると、民主主義国同士の日韓の領土問題も楽観視はできない。ダグラス・ギブラーの一連の研究によると、民主的平和は領土問題に限っては見かけの相関に過ぎないという（Gibler 2012）。

つまり、民主主義が紛争を減らす因果関係はないという。むしろ、領土の安定（領土紛争が双方の妥協で消滅すること）があってから、軍隊が必要なくなり、軍隊に注がれていた資源が経済発展に向かい国家が豊かになる。それが中間層をはぐくみ、中間層がその国を民主化していく結果、民主主義国の間に領土紛争がより少ない結果が生まれる。

彼の議論は少数派であるが、しかし民主的平和論とは反対の因果関係が提示され、かつ（反論もあるものの）データ的な裏付けも示されており、留意はすべきだろう。もしも民主主義の平和が領土紛争解決の見かけの相関の結果だとすると、日韓にも武力紛争の可能性があり、油断してはならない。

このほか、商業的平和の観点からすると、リスクが高くなるのは経済的なつながりが薄い

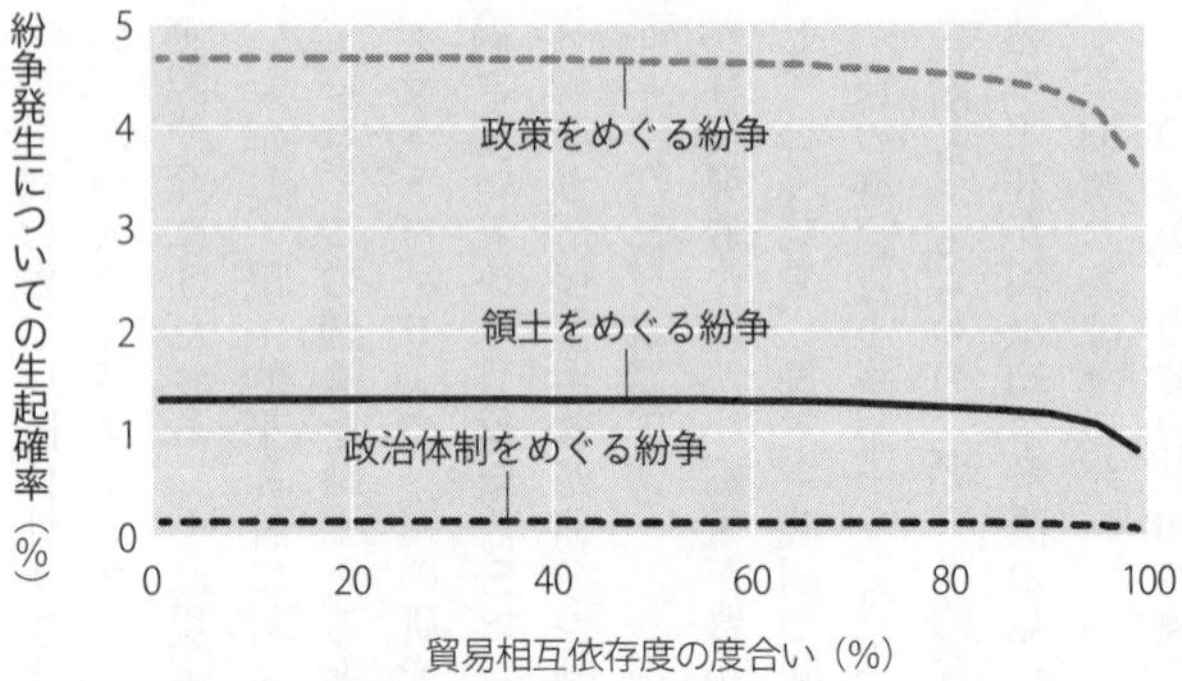

図11　貿易相互依存度と紛争発生の生起確率　出典：Lu and Thies 2010

ロシアとの領土問題になるだろう。その意味で、ロシアとの経済協力で依存関係を作り、紛争の確率を下げようとする外交路線は、この理論との関係では間違ってはいない。

ただし、依存関係を作るのはそう簡単ではない。というのも、経済的な依存度の高い日韓や日中でさえ、商業的平和の実現は難しいかもしれないからである。リンギュー・リューとキャメロン・ティースによる実証分析（図11）では、明確にエスカレーションの可能性が減っていくためには相互依存の程度が世界全体で上位一〇パーセントの状態にまで達する必要がある。それは現在の日本の貿易依存度を考えれば、なかなか達することが容易ではない水準である（Lu and Thies 2010）。

日本の貿易依存度をGDP（国内総生産）に対する貿易額の比率で計算すると、世界でも依存度が低いほうであり、その意味でいくら中国や韓国との取引量があったとしても紛争発生の確率が下がるような上位一〇パーセントに入ることはない。つまり、商業的平和の条件は整うことはないわけで、だからこそ不要な国際的緊張をもたらさない努力が必要なのだと言える。

サーベイ実験による政策評価

日本国憲法がその国際問題を解決するのに武力行使をしないと誓っている以上、日本は自衛隊を用いて現状（status quo）を打破することはないと論理的に考えられる。つまり、必ず交渉によって解決すると言っているわけである。

これを論理的にさらにつきつめていけば、どこかで両者が妥協をして境界線を設けるか、または価値不可分なのであればサイド・ペイメントと呼ばれる対価を支払い、相手からの譲歩を得るか（もしくは自分がサイド・ペイメントを受けて相手に領土を与えるか）といった解決しかない。問題を棚上げするという姿勢もありうるが、緊張関係が継続していくほか、軍事的な投資も必要になる意味で必ずしもベストな解決策ではないように感じる。

ここで大事なのは、双方の国民が何らかの妥協を受け入れることは可能かという点である。領土問題は国民から見て目立つ外交案件である以上、国民の理解が問題解決のカギになるはずである。

著者はライス大学のソンイン・ファン、ブリティッシュコロンビア大学のリー・シャオジュン、エセックス大学の千葉大奈《だいな》とともに領土問題をめぐるサーベイ実験調査を行い、どういった条件であれば領土をめぐる妥協を許容できるかを探る研究を行った（Fang, Chiba, Li and Tago 2018）。調査では、次のような画面を提示し、続いて質問を行った。

****

以下の仮想的なシナリオをよく読んで、次の質問に答えてください。ここでのシナリオは仮想的なものです。質問に答えるにあたって、具体的な事例を考えていただく必要はありません。

日本は軍事的に強い隣国と領土（島しょ）をめぐって紛争状態にあります。
この領土の経済的な価値は大きいといいます。
また、この領土は歴史上、日本に属していました。

あなたは、次のそれぞれの領土問題の解決策について、どのように考えますか。解決策は、受け入れられるものですか。受け入れがたいものですか。または、どちらでもありませんか。

＊＊＊＊＊＊＊＊＊＊＊＊＊＊＊＊＊＊＊＊＊＊＊＊＊＊＊＊＊＊＊

このサーベイ実験の場合、情報刺激は以下のようなものであった。

ここで太字とした部分（調査のときには太字ではない）3行にそれぞれ別パターンを作り、それらをランダムに当てはめた。

「日本は軍事的に強い隣国と領土（島しょ）をめぐって紛争状態にあります」は「日本は軍事的に弱い隣国と領土（島しょ）をめぐって紛争状態にあります」という別パターンがあり、ランダムに割り振った。

「この領土の経済的な価値は大きいといいます」には「この領土の経済的な価値はわからないといいます」という別パターンを作った。

最後に、「また、この領土は歴史上、隣国に属していました」には、「また、この領土は歴史上、どの国にも属してきませんでした」と「また、この領土は歴史上、日本に属していました」というパターンを置き、全三種類をランダムに割り振った。

つまり、二×二×三で一二種類のシナリオを用意し、どれか一つを被験者に提示した。

そのあと、たとえば、

紛争中の領土について、日本と隣国が共同で主権を保持し、また、共同利用を行う。
紛争中の領土について、日本が単独で主権を保持するが、両国が共同利用を行う。

といった質問に、①受け入れられる、②受け入れがたい、③どちらでもないという選択肢のなかからどれか一つを選ぶことを求め、被験者の反応をシナリオごとに比較することが可能となった。

調査は二〇一六年の九月に実施された。日本国内にある一五万人弱の参加候補者（これをプールと呼ぶ）を誇る専門調査会社の協力を得て、この調査の際には二万六〇〇〇ほどの調査協力候補者にメールを送り、参加を求めた。そのうちの一〇パーセントほど、合計で二六二一人の日本人が協力をした。

なお、日本人というのは語弊があり、外国人もサンプルに入りうるために国籍を尋ねる質問をし、後ほど除外できるように設計をした。平均年齢は四七歳、男女比は五二パーセント対四八パーセント。五六・九パーセントが大学卒であった。これは日本人の平均年齢と比べるとほぼ同じで、男性がやや多く、そして高学歴が多いことを意味する。

ただし、地域的な散らばりは担保されており、日本の大地域区分（北海道・東北、関東甲信越、中部、近畿、中国・四国、九州・沖縄）の人口比にほぼそってデータが集まっている（調査サンプル：一一・八パーセント、三六・六パーセント、一四・九パーセント、一六・七パーセント、八・七パーセント、一一・三パーセントに対して、二〇一四年の「人口推計」での地域人口分布：一一・四パーセント、三七・八パーセント、一四・二パーセント、一六・三パーセント、八・九パーセント、一一・四パーセントであった）。

インターネットによる実験調査であるが、日本の都市圏だけに住む若者だけを対象にしているのではなく、日本の住民全体を代表するデータに限りなく近いと考えられる。

このデータ分析の結果からわかるのは、領土をめぐる妥協はやはり支持を得にくい現実である。「分割可能な結果」に含まれる、①両国が主権を分け合い、領土を利用する、②日本が主権を保持し、しかし両国で共同開発するというものは、一定の妥協が求められる（自国がすべてを得るものではない）解決策であるが、その支持は五割に満たない。

より大きな妥協が必要となる①については、高くてもせいぜい四割の支持にとどまる。「価値不可分な結果」に含まれる（一）国際組織の仲介をともない、サイド・ペイメントを支払って相手国から譲歩を引き出して日本が主権を得る、（二）国際組織の仲介をともなわず、サイド・ペイメントを支払って相手国から譲歩を引き出して日本が主権を得る、（三）（無条件に）日本が主権を得るについては、五割以上が支持を示し、日本が歴史的に領土を所有してきたというシナリオの場合には七六パーセントが結果を支持している。相手国力の大小については、相手が強い時ほど（三）への支持が高いため、相手が強いからといって譲歩はしない。

このほか、国境をめぐる妥協に対する態度の違いと支持する政策対応の関係も調査したが、このデータは今後の政策選択を考える際に重要な示唆を持っている。この調査では、妥協可能であると考える立場の人と、妥協を許さないというハードコアな価値不可分主義者の態度を分けて集計をしてみた。

すると、憲法第九条があるにもかかわらず、ハードコアな価値不可分主義者の日本人は、八割近くが限定された武力行使で国境問題を解決することを支持し、さらには六割は全面的な武力行使をも支持していた。ハードコアな価値不可分主義者は日本人の一六パーセントに過ぎないが、一定の数を占めている。

次に、問題を先鋭化するような広報活動への支持もハードコアな価値不可分主義者では八割で、それ以外の妥協が可能という国民の五割弱を大幅に超えていた。妥協が可能とする人は、九割が二国間交渉を支持し、武力行使には圧倒的に批判的であった（ただし、限定的な武力行使には四割弱の支持があったのは驚きであった）。

一つ希望の光があるとすれば、国際組織の仲介への態度だろう。それは、ハードコアな価

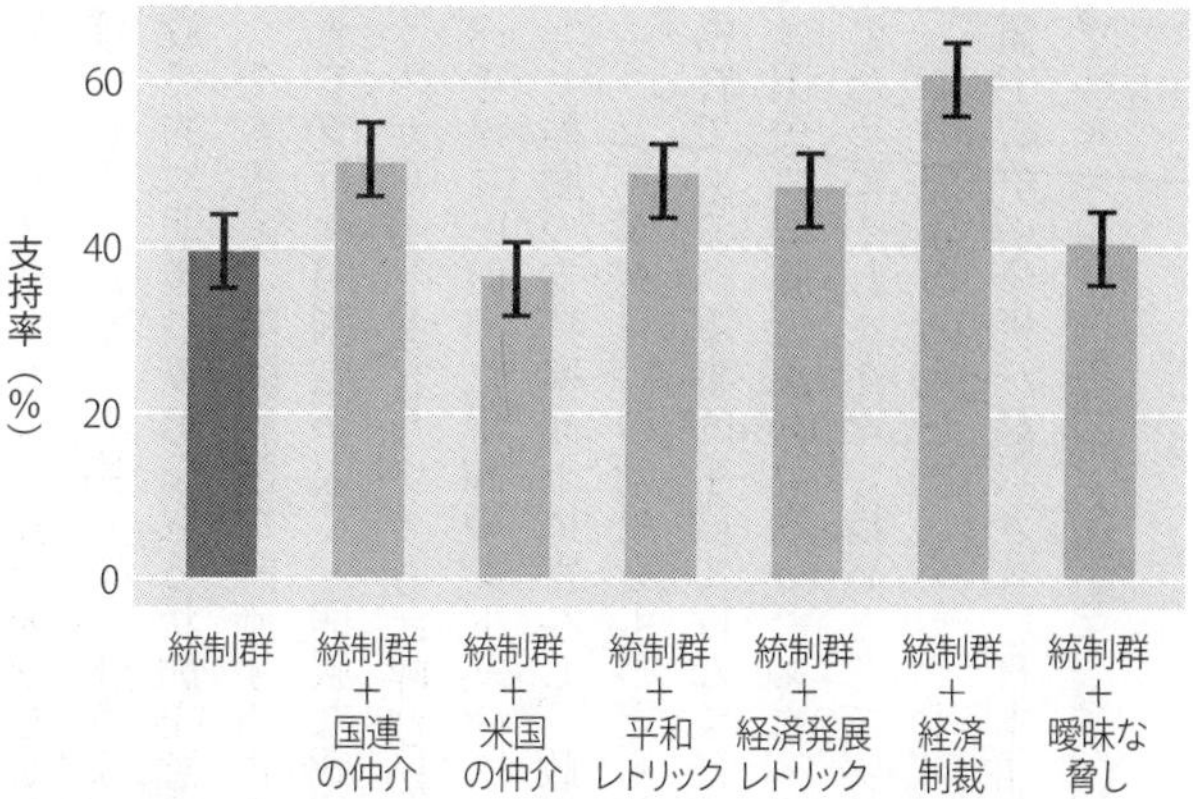

図12　中国での政府の「バックダウン」に対する支持の度合い　棒（Ɪ）は95％信頼区間を示している　出典：Quek and Johnston 2017/18

値不可分主義者も妥協が可能とする人も、九割弱がその解決法を支持しているためである。つまり、日本人は国境問題を国際組織による中立的な第三者の介在で解決することに肯定的で、たとえば国際司法裁判所の判決による問題解決に理解を示すことがわかる（この点は後述）。

このほか、香港大学のカイ・ケックらの実験研究（Quek and Johnston 2017/18）は重要な示唆をもたらすものである（図12）。彼らは、日本と中国が争う尖閣諸島問題を例に、仮に日本が現状維持を変え、島に建造物を作った場合に、①中国政府が軍事行動の脅しをしたものの、しかし②何もできなかったという、いわゆる「バックダウン」の状態で、どういった条件があるならば中国政府に対する中国国民からの風当たりが少なくなるのかを検討した。

バックダウンとは、強い要求をしておきながら相手が折れてこないことを見て、要求を下げてしまったり、妥協してしまうような状態で、相手に対して最初は強気に出ていたものが最終的に弱腰の姿勢を取る状態を意味している。

そもそも、実験刺激を評価するにあたって基準となる制御群を見ると、バックダウンに対する支持は四割しかなく、弱腰な政府への批判はかなり大きい。このほか、国連事務総長がエスカレートをしないように呼びかけたので断念したとか、「中国が平和を愛する国であるべきだ」といった平和のレトリック、経済発展に負の影響があるといった言い訳は一〇ポイント程度の支持率向上に寄与し、政府に逃げ道を与えることがわかる。

「バックダウン」の効果をもっとも相殺できる条件は、日本に対する経済制裁を行うという場合である。軍事的手段ではなく経済的に締め付けを行うという施策は、中国政府にとっては国民に弱腰と思われないために、自ら好んでやるといった性格のものではなく、国民説得のためにやむをえない措置として実施するものだとも解釈できる。

この部分と関連して、テイラー・フレイヴェルによる合理的戦争原因論に依拠した中国の領土紛争の分析が翻訳され、日本語でも読むことができる。関心のある読者はぜひ、フレイヴェル（二〇一九）を参照してほしい。

国際裁判の政治的効果

さらに実験の知見を紹介しよう。著者が千葉大奈と関西学院大学の稲増一憲《いなますかずのり》と二〇一四年に行った実験調査によると、興味深い結果がわかる。

図13がその結果であるが、日韓の領土問題に限り、実験を行い、二国間交渉または国際司法裁判所の判決の結果として①独島（竹島）が韓国領土であることが決まった、②独島・竹島の領有権は確定できなかった（結果あいまい）、③竹島（独島）が日本領土であることが決まったというシナリオを提示し、実験としてランダムに提示した。

パネル１は結果への支持を示しており、もちろん日本人は③を望ましいと考える。

他方、①の結果はもっとも支持が低い。しかし、パネル２に目をやると、同じくもっとも悪い結果である①についても内閣支持率に顕著な差が出ており、二国間交渉で得られた場合よりも国際司法裁判所の判決であるほうが、内閣への支持に影響が及びにくいことがわかる。為政者にとっては、いわゆる政権に対する批判を抑制するための「政治的なカバー」として、国際司法裁判所の判決は「使える」ことがわかる。

このように国際裁判の政治的効果の実証は日本だけではなく他国の文脈でも指摘され、実証されている。妥協を正当化し、説明するために政治的カバーを政府が利用するのは賢い選択だと言える。

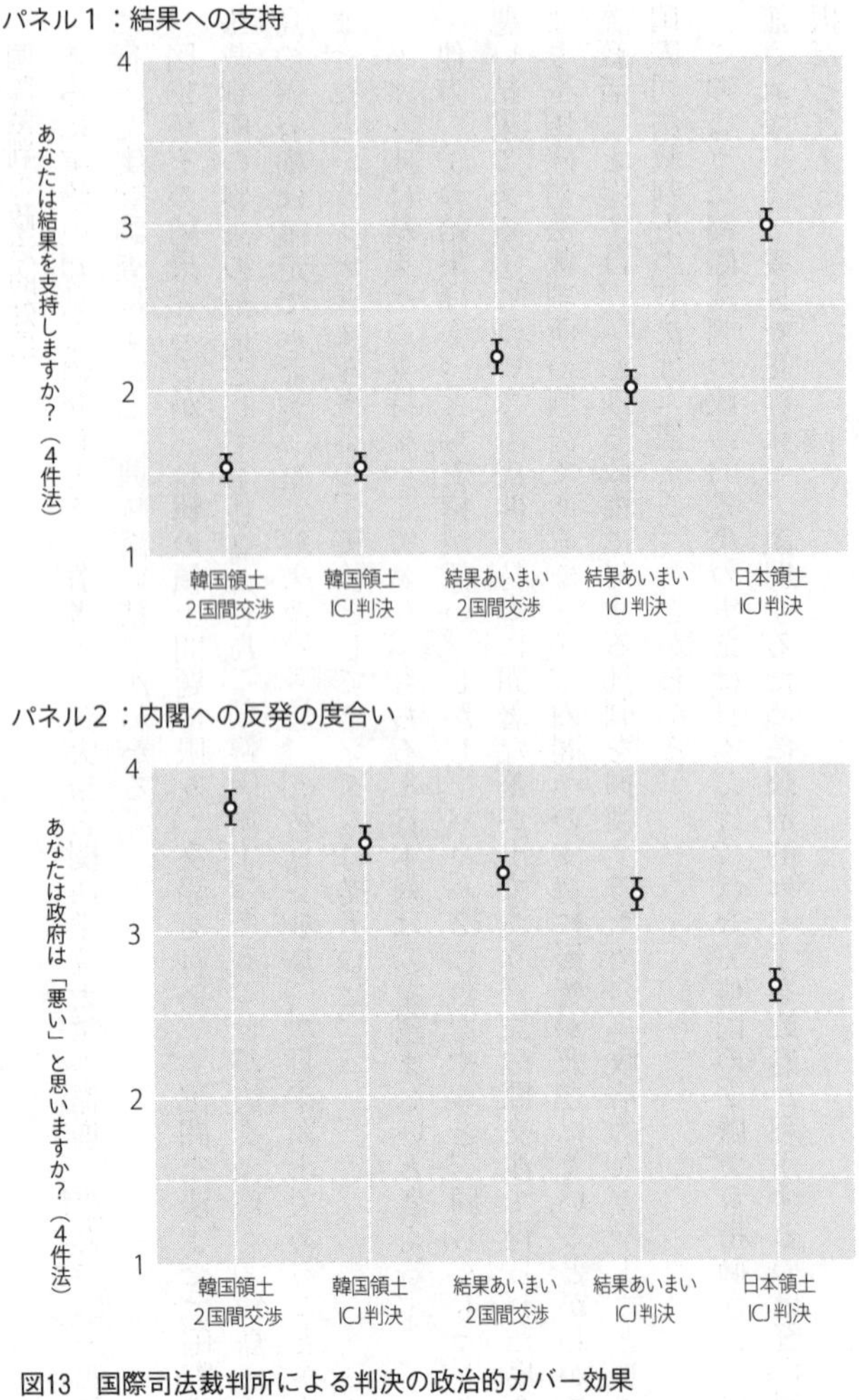

図13　国際司法裁判所による判決の政治的カバー効果

また、最近のマテスの研究によれば、部分的に解決可能なところだけを優先して解決し、一時合意を行うといった漸次的な問題解決は軍事的なエスカレーションを抑制する意味で効果が高いという（Mattes 2016）。具体的には、部分的解決は領土紛争の完全解決の可能性を一一六パーセント上昇させるという。経済的な利益の大きさや戦略的重要性といった要素が三〇パーセントから五〇パーセントほど完全解決の可能性を低くするのと対照的であると報告している。

第2章で価値不可分なものの交渉が決裂して戦争になってしまう可能性を論じたが、領土紛争はその意味で戦争のリスクが高い問題であり、厄介である。そのため、国際司法裁判所や国際的な仲介といった政治的なカバーを用いて国民をなんとか納得させ、双方の理解を最低限でも得られる解決策で打開する必要がある。

3　抑止と安全保障のジレンマ

抑止とその条件

さて、日本の安全保障を考えるにあたり、避けて通れない抑止の話を軍拡政策と同盟政策に絡めて進めてみよう。

安全保障政策で、相手に攻撃を思いとどまらせるという「抑止」は基本中の基本の議論である。中央政府を欠いていて警察力が存在しない国際関係では、自らを守る武器をもって、他者の侵入があればそれを撃退するという姿勢をとり、抑止政策をとるのはしごくまっとうなことである。問題は、抑止に必要な武装とは何かということだろう。

抑止には、自分は武力を持っていてあなたが攻撃してくれば有効に反撃するからあなたもかなり痛い目にあいますよという警告情報を有効に伝達し、それが共通理解になっていることが必要になる。抑止のための武装は自前の軍拡でも、または有力な国との同盟の構築でも実現する。前者は自律的な安全保障政策を可能にするものの、すべてを自前で用意する意味ではコストがかかる。同盟は安上がりであるものの、他者への依存があり（よって自律的ではなく）、同盟国を信用できない場合には問題が大きい。

同盟をめぐるデータ分析では、同盟条約は二五パーセントのケースで裏切られるだけで、大半の場合は条約で定められた防衛義務などが履行されている（多湖 二〇一二）。もちろん、二五パーセントを大きい数字と考える人もいるだろう。四回に一回は裏切られうるものに国家の安全保障を依存するとは言語道断ということもわかる。ただ、その場合には現在のアメリカの核の傘にある日本であれば、核武装をして自前で対中国、対ロシアの核抑止が可能なレベルでの攻撃能力を保有する、たとえば潜水艦から核兵器搭載のミサイルを打てる体制を整える必要があるだろう。ただし、コストや周辺国への影響を踏まえれば理想的な選択肢とは思えない。

自己防衛の努力は相手の脅威――安全保障のジレンマ

そもそも、自己防衛の努力は相手にとっての脅威になってしまい、その結果として相手のさらなる軍拡または同盟強化、ないしその両方の政策を誘発して自分のとった自己防衛努力が無効化してしまう。これは安全保障のジレンマとして知られる(栗崎 二〇一七)。すなわち、やみくもに軍備を整えても、相手が警戒して軍備を整えてしまえば自分の防衛努力が水の泡になりかねない。そして、軍拡と軍拡を追求し合う国際関係は常に緊張をはらむライバル関係を生み、高い国防コストを社会に課しかねない。

ここで、軍拡と軍拡で国際関係が安定してしまうような状態の背後にどんな論理があるのかを明らかにするため、そのメカニズムをいわゆる囚人のジレンマとして知られるゲーム理論のモデルで説明しておきたい。

囚人のジレンマゲームは、司法取引ができる国の、大きな犯罪についての共犯関係にある二名の犯罪者をめぐる戦略的相互作用を表している。

両者ともに相手が自白し、自分が自白しないと司法取引で自白した相手に出し抜かれ、自分だけが重い刑（たとえば懲役一五年）になる。両者とも自白すれば当然罪に問われ、相当の刑期（懲役一〇年）につく。両者自白しなければ検察側が証拠不十分で微罪でしか起訴できず、刑期も短い（懲役二年）。最後に、自分だけが話してしまい、相手が自白しないというときは取引によって釈放される（懲役ゼロ年）。

このような戦略状況では、両者ともに協力すれば微罪で刑期も短いのに、相手を出し抜く誘因があるために両者ともに自白してしまい、どちらも相当に重い刑期につくことになってしまう。

囚人のジレンマゲームに代表されるゲーム理論は、戦略的な相互作用として定義される国際関係の理解には欠かせない道具である。仮に、世界がある国に圧倒されて支配されている場合、弱者に選択肢がないならゲーム理論は必要ない。すなわち、相手に選択を強制できない国と国の関係こそが国際関係の一つの特徴であり、分析道具としてのゲーム理論が力を発揮する。

では、互いに敵対的な政策をとる国として、たとえば、アメリカとロシアを考えよう。双方核兵器を持ち、その保有と軍縮（削減）という二つの選択肢を持っている。このとき、どんな選択の組み合わせが望ましいかを点数をつけて考えてみたい。

図14の（A）にあるように（斜体の数字に着目）、アメリカにとっては、核兵器を自分だけ

(A)		アメリカ			
		核軍縮		核保有	
ロシア	核軍縮	3	*3*	1	*4*
	核保有	4	*1*	2	*2*

(B)		アメリカ			
		核軍縮		核保有	
ロシア	核軍縮	3	*3*	1	***4****
	核保有	4	*1*	2	*2*

(C)		アメリカ			
		核軍縮		核保有	
ロシア	核軍縮	3	*3*	1	*4*
	核保有	4	*1*	2	***2****

(D)		アメリカ			
		核軍縮		核保有	
ロシア	核軍縮	3	*3*	1	*4*
	核保有	4	*1*	**2***	*2*

(E)		アメリカ			
		核軍縮		核保有	
ロシア	核軍縮	3	*3*	1	*4*
	核保有	**4***	*1*	2	*2*

(F)		アメリカ			
		核軍縮		核保有	
ロシア	核軍縮	3	*3*	1	*4*
	核保有	4	*1*	**2***	***2****

図14　軍縮と軍拡をめぐるゲーム　＊は最適対応で得られる利得．斜体はアメリカ、斜体でないものはロシアの利得．数字はそれぞれの国の選好（望ましさ）の順序を示す（4＞3＞2＞1）

は保有し、相手が削減する状態が最良で4、逆に自国だけは核軍縮してロシアが核兵器を温存するのが最悪の1と考えるのではなかろうか（なのでそう仮定しよう）。

　他方で、核兵器は開発だけではなく維持のコストもきわめて高い兵器であり、軍縮するほうが望ましい（よって同様に仮定しよう）。したがって軍縮・軍縮という組み合わせは、核保有・核保有という組み合わせよりも点数が高くて3になり、よって残る核保有と核保有の組み合わせは2になる。ロシアも同様に考えるだろう。図の斜字ではない数字がロシアの選好を示している。

　ここで、相手の手に対して最適対応

している組は自らは離脱することがないはずなので、ゆえに社会的に安定する。これをゲーム理論では「ナッシュ均衡解」というが、今回の場合、核保有と核保有になってしまう。両者が相手の手に対して最適対応する状態とは何も難しいことはいっていない。数字を比べ、自分の利得の数字の大きいほうをとろうとするということに他ならない。

図14の（B）と（C）は、ロシアの選択肢を核軍縮か核保有のどちらかに固定した場合にアメリカが最適反応して得られる利得を＊印で示している。（B）はロシアが核軍縮を選択しているとき、（C）はロシアが核保有を選択しているときになる。同図の（D）と（E）にはアメリカの手を固定したときにロシアが最適反応をして得られる利得を＊印で示している。最適反応を双方がとれば、どちらによっても手を変えることは合理的ではない。ゆえに二国からなる社会にとって安定してしまう。同図（F）の＊印が二ついている右下セルがそれに当たる。

この場合、核兵器を持ちあう状態は世界にとって望ましくないが、その負の状態から抜けられない。つまり、軍縮と軍縮の状態は3と3で合計6の点数が得られ、明らかに両国核保有の場合の4よりも、そして一人勝ちの状態が生み出す合計点5よりも高い。核軍縮と核軍縮の組み合わせの状態は社会にとって他よりも望ましい状態であるが、しかし安定しない。

実際に、ジョとガーツキーによる核拡散をめぐるデータ分析でも、ある国にとって隣国への核兵器の拡散は当該国の核兵器開発計画のはじまりの可能性を高めるとの報告がある（Jo and Gartzke 2007）。仮に北朝鮮が核兵器を保有し、それを日本に対して使用可能な実戦配備まで整えた場合、しかも頼りにしているアメリカの核の傘がなくなってしまうなら、日本は自国で核武装しないといけない。これはゲーム理論から論理的な帰結として導き出せる。

この論理の問題は、それが社会全体にとって望ましくない均衡だという点にある。相手は自分を出し抜かないと信用できれば軍縮の組み合わせを達成し、社会全体としての利益を最大にできるはずである。

しかし、相手に対する不信が圧倒するならば、そして自国だけが核兵器を独占する誘因を認めるならば、軍拡と軍拡の組み合わせで国際関係は安定してしまう。そして、いわゆるリアリズムの世界ではそれが国際関係の常態だと信じられている。相互に確証的に破壊できる核の抑止による均衡は、ＭＡＤ（mutual assured destruction：相互確証破壊）と言われるが、文字通りに馬鹿げたこと（ｍａｄ）だと言えよう。

繰り返しの囚人のジレンマと希望の光

ただし、悲観的になる必要はないかもしれない。上記で示したような軍拡の組の均衡は、「同時手番（すなわちアメリカとロシアが同時に選択肢を決めている）、一回きりのゲーム」であるために成立する。繰り返しゲームが行われ、しかも手番が永遠に続くと仮定すると、その均衡は変化しうる（岡田・鈴木 二〇一三、第1章および、浅古 二〇一八、第12章）。

つまり、長期的な関係性があり、終わりが見えないゲームの場合、しかも将来に得られる価値を大きく考える行為者の組の場合（このことを「将来の影」が大きいという）、軍縮と軍縮という選択肢の組がナッシュ均衡になり、そのほうが社会全体にとって、より効用が高い状態である。

これは、無限繰り返し囚人のジレンマゲームとして知られる。国際関係は相手国を消し去ることなどはできず、こちらのほうが圧倒的にもっともらしい。相手を消し去れることができる圧倒的に強い存在であればいざ知らず、そうではない国家と国家の関係では、無限繰り返し囚人のジレンマゲームの枠組みで考えるほうが自然であり、そうすると将来を重視する存在が増える限り軍拡競争を回避できるかもしれない。

4　岐路に立つ日本の安心供与政策と見えない危機

戦後の安心供与戦略——憲法第九条

戦後日本は占領統治時代を経て、憲法という装置で手を縛り（あるいはアメリカによって手を縛られ)、軽武装路線を制度化して周辺国に安心供与をしてきた(福島 二〇一九)。安心供与とは、自国が相手国に侵攻しないという意図を示す政策で、抑止政策が生み出す安全保障のジレンマを一定程度やわらげる効果を持つ。

日本国憲法を一言一句変えるなといった頑なな護憲の立場を著者はとらないが、しかし憲法第九条が担ってきた周辺国に対する安心供与の効果は決して軽んじてはならない。たとえば、平和憲法の存在は自衛隊の海外派遣を抑制してきたし、また装備においても航空母艦や敵基地攻撃能力は保持しないということで他国に対する脅威とならないことを示してきた。最近は現実の政策選択肢として空母の保有や敵基地攻撃能力が議論の俎上に上がってしまい、ゆえにすでに他国の不信を招いてしまっているが、憲法まで変えるとなれば、周辺国から日本の意図を勘ぐられ、安心供与は破綻し、相手は日本が脅威であると認識していき、ひいては安全保障のジレンマが顕在化してしまう。

この点に関連して、自民党の元国会議員・元幹事長である古賀誠が、『憲法九条は世界遺産』という書籍を二〇一九年に上梓している。そこで「九条の維持が中国、韓国との信頼を生む」としており、保守派の元政治家にも同じような認識が存在することは強調しておきたい。この論点については、イズムを超えて国民的な議論が必要である。

安心供与戦略の揺らぎ

第二次世界大戦直後とは異なり、国際社会にさまざま貢献してきた日本に対する懐疑的なまなざしも減っているのだから、安心供与も不要だという議論があるかもしれない。または、憲法第九条を含めた現行憲法の改憲を目指すべきだという議論は、ある意味で妥当なのかもしれない。しかし、さまざまなデータが示すように日本が仕掛けた戦争の最大の被害国である中国と植民地主義政策の最大の被害者である韓国は日本のことを国民感情として許さず、信頼できる相手とは考えていない。

二〇一五年にアメリカの世論調査シンクタンクのピュー・リサーチ・センターが公開したデータでは、中国ではたった九パーセント、韓国では二一パーセントしか日本を好意的に評価していない。中韓両国を除いた調査対象国（アジア地域の八ヵ国）の平均値は、日本に対して好意的な人々が七割ほどなので、両国からの不信の大きさは際立っている。

確かに、それは中国や韓国の政府が反日本の教育をしているから、相手のせいであるかもしれない。しかし、日本側にも原因はあるのではないか。

たとえば、戦前回帰とは言わないまでも、相手側から軍国主義の復活や旧体制への愛着としてうまく引用されてしまうような政治家や評論家・著名人の発言や行動はなかっただろうか。近所でいがみ合う国際環境よりも協調しあえる環境を作る努力はさらになされるべきで、日本側も相手側も意地を張ったり、妥協を許さないといった態度では出口はない。

見えない危機とは何か？

東アジアの国際関係は、先ほどのジョナサン・レンションのステータスをめぐる議論とデータ分析の結果に依拠すれば楽観視できない。各国ともにその地位に対する不満を蓄積している可能性が高い。

・日本はGDPで世界第二位の座を失い、国民一人当たりの経済力もかなり落ちている。悲願であった国連安保理の常任理事国入りもかなうことがほぼない状態で、国際的な地位への不満は高いだろう。

・中国は既存のアメリカ主導の国際秩序に強い反発をし、同時に日本が幅を利かせてきたアジアでの国際枠組み（たとえば、アジア開発銀行）に対してチャレンジする気持ちを持っているのは明らかであろう。

・韓国も自国の急成長と能力に対して現在の国際的な地位が一致していない、何らかの不満を持つ素地があるだろう。

・ロシアも超大国の一つであった過去を思い起こせば起こすほど、現状に対する不満を抱えるだろう。

・台湾も自分が国家として認められないという意味での地位の不満は非常に高いはずである。

このように、東アジアでは地位に対する不満という、国際関係が軍事的にエスカレーションする「基底的な要因」が多々ある。

そのような、やや悲観的な状態において、平和を維持するために重要になるのは、いかにアクシデントが本格的な危機になることを回避できるのか、つまり極地的なエスカレーションについて、全面的な対峙を引き起こさないという「紛争予防」であろう。不満を基底としている国家間関係では各政府が表では相手に強く出ざるをえない。ゆえにうまくバックチャネル（公開されない外交ルート）で問題を処理しうる枠組みを持っていることは実はきわめて大きな財産になる。

その意味で、国民の目に触れない戦闘機スクランブルやそれにともなうニアミス事件またはレーダー照射などを「見える化」してしまう最近の東アジアの国際関係には強い危惧を感じる。国民が知る由もない遠い海や空での話を各国が相手国を名指しで強く批判し、追い込むという言葉のやりとりは、さらなるエスカレーションの蓋然性をはらむ重要なリスク事案と考えられる。

繰り返すように、戦闘機のスクランブルや船舶の拿捕《だほ》などは政府の防衛当事者以外には見えないので、外交当局者が非公式に打診してバックチャネルで解決しやすい問題である。必ずしも広く一般の目にさらす必要もない性格の事案だと言える。実際、その意味では日本の防衛省も多くの事案を非公開にしており、スクランブルの事案は事後的に集計値として示され、事件として報道されることは限られている。議会における秘密会への報告と一定期間がたったあとでの事実公表、または統計データとして総数の報告といった程度でとどめ、各事案をことさら事件化しないことは一つの知恵である。

これは国民に情報を開示すべきではないと言いたいのではない。事案によっては明らかな危機やエスカレーションであり、国民への情報開示を行い、対応策を国内外に知らしめ、直ちに相手を抑止するような手立てが必要になることもあるだろう。

しかも、マイク・コラレシの研究（第3章を参照）が示唆するように、議会や国民の監視と統制を将来的に受けるという仕組みは、不要なエスカレーションを抑制するのに役立っていた。よって、議会の秘密会での報告や公文書公開などの制度で透明性を担保することは大前提で、そのうえであえて当事者が冷静になれないタイミングでの事件化を避けるべきではないか、という問いかけをしている。

見えない危機をめぐるサーベイ実験

しかし、著者と北海道大学の小浜《こはま》祥子、関西学院大学の稲増一憲の共同研究は、こういった見えない危機が「見える化」されてしまうのは、他国にアピールして自国への支持を動員する誘因にある可能性を示している（Kohama, Inamasu and Tago 2017 および、小浜・稲増 二〇一九）。

つまり、双方に黙っているという穏便なやり方があるものの、自国だけが相手国を非難するようなメッセージを発すると当事国を除く他国の国民から強い支持を得られる。相手を出しぬこうとするため、結局双方ともに非難合戦に終わってしまう、先ほどと同じ、いわば囚人のジレンマゲームのような構図があるのではないかという議論である。

われわれのチームは日本、アメリカ、韓国と実験を行い、特に日本では今まで五回以上繰り返してこの実験を行ったが、一貫して相手国に対する強い非難のメッセージが支持を高め、沈黙はもっとも低い評価を受けていた。つまり、見えない危機を見えないままにしておく穏便なやりとりは、他国からの理解を取り付けようという意欲が生まれた途端に難しくなる。よって、見えない＝知らない危機を「見える化」し、相手を全力で批判するほかなくなってしまうのである。さもなくば、他国からの支持を得ることが難しくなってしまう。

相手国への一方的批判は自国民にも同時に伝わり、それは政府に強硬路線を要求するようになるだろう。つまり、批判先である相手国に対する譲歩は難しくなり、危機の解決は外交交渉では難しくなっていく。よって危機はさらにエスカレーションの可能性を高め、そのまま いけば望まない武力化した紛争、または最悪の場合には戦争に陥ってしまう。見えない危機の「見える化」を通じ、外交当局者は相手国と話し合いをするだけで自国民に攻め立てられるかもしれない。バックチャネルで穏便に危機を回避できる国際関係は、実は当事者にとって利益があるのに、それが難しくなっている。

情報と印象をめぐる国際政治と日本

以上の話は、グローバル化した社会で、SNSなどのツールを多くの人が使い、情報がすぐに国境をこえて相手国に広まってしまうことに強く関連して問題を深刻化しているところがある。特に最近の日本をめぐる周辺国との関係はSNSなどの発達とともに厄介な懸案を生んでいる。

しかも、それは中央政府の間だけではなく、時に一介の国会議員の発言や地方政府のレベルでの事案が国際問題化している。たとえば、詳細は記さないが、二〇一九年五月、国会議員が泥酔のうえで領土を取り返すために戦争したらいいとけしかけた事案が明るみに出た。また、大阪市とサンフランシスコ市の間で起こった慰安婦像の設置をめぐる争いや、二〇一九年秋の、あいちトリエンナーレでの「表現の不自由展・その後」をめぐる混乱はその例である。

二〇一七年、サンフランシスコ議会は市民有志が提起した市管理の公共空間に慰安婦像を設置する動議を認めた。同市の市長は、女性の人権を向上するための運動の一環としてこの像を市の公的な所有物として受領することを決めた。大阪市長はこれに反発して両市の姉妹都市提携を打ち切る決定を行い、二〇一八年一〇月に通告した。この一連の流れを報じた海外メディアの論調(たとえば、ニューヨーク・タイムズやBBCニュース)は日本側＝大阪市の論理に冷たいものであった。

あいちトリエンナーレについては、名古屋市長が慰安婦像の展示を問題視し、美術・芸術のイベントがあからさまに政治化の対象になった。こちらもワシントン・ポストのような欧米メディアは政府の補助金不交付決定などを批判的にとらえ、日本のリベラル・デモクラシーとしての印象を悪くする形で論じていた。

「慰安婦」がどのような存在であったとしても(著者は歴史家間の論争に割って入るだけの論拠を持ち合わせない)、戦争における女性の人権問題としての印象付けを行おうとする相手に対して、像を立てることに反対したり、一度交付が決まっていた芸術祭の補助金の不交付の決定をしたりしたら、日本の姿勢は世界には人権擁護に後ろ向きという印象を持たれかねない（この点は、今後、量的な報道内容のテキスト分析や実験研究が待たれる）。

像の設置に反対するのも補助金不交付も、仮に、しっかりとした根拠と理由があれば正当化はできるのかもしれない。しかし、多くの場合、報道やSNSでの情報の拡散のプロセスで日本が不利になる悪い印象を生み出してしまい、それに対して反発しても世界での理解は得られない。

第二次世界大戦をめぐっては、確かに行き過ぎた対日批判がある。しかし、それに感情的になって反論することは慎重にすべきである。たとえば、南京事件はなかったといった議論は、「事件」があったとする認識が世界的な共有知だとしたら、国際的に見てナンセンスな行為だろう。それは、世界でナチス擁護やユダヤ人虐殺を否定することがタブー視されているように眉をひそめられる対象になる。

その事件を何と呼ぼうと、日本軍は南京を攻略し、そこでは軍隊として誇れなかった行為はあったというのが信頼される歴史家たちの仕事であって（たとえば秦二〇〇七）、人数の大小を問題にするのはありえても、事件そのものを否定するのは国際社会には受け入れがたいだろう。

また、慰安婦問題に対する日本における保守勢力がよく採用する典型的なリアクションも他国からの理解を得る意味ではミスリーディングである。他国も「慰安婦」のような存在を抱えていた、またはその後の戦争で他国にも同様の事案があったと指摘することは、日本が行った行為を消し去る効果があるのだろうか。日本も他国と同じことをしていたという論理は相対化の効果は持つのかもしれないが、周囲反発を生み出す点で副作用が大き過ぎる。すなわち、そういった保守勢力の言動は過去を消そうとする否定的な行為として形容されて周囲の目にとまり、過去に日本の社会と政府が行ってきた謝罪の試みを台無し（スポイル）にしてしまう可能性が大きい。

著者が研究代表者をつとめている慰安婦問題を含めた集団謝罪をめぐる社会科学的な調査では、謝罪を拒むのはＳＤＯ（Social Dominance Orientation：社会的支配志向性）の度合いに影響していることがわかっている（Mifune, Inamasu, Kohama, Ohtsubo and Tago 2019）。社会や人間の間に上下があるといった考え方をする人ほど、相手に対する謝罪を快く思わず、集団謝罪のスポイルにいたり、社会が和解へ向かう努力を損なってしまう。また、この研究の追試でわかっているのは、スポイルの行為は相手国への嫌悪を引き起こし、心理的な負のサイクルを生んでしまうことである。

国境をこえて情報がすぐ他国に伝播し、しかもＳＮＳなどを通じてその情報がたびたび冷静さを欠いて広まっていく今日、国会議員や地方の首長など責任あるポジションにいる政治家たちはその発言や行動の波及効果をよく考えてほしい。そして、われわれ市民は彼らの単純化された、いわばポピュリズム的な議論や態度にのせられてはならない。

強く安心感を与える日本へ

この章を閉じるにあたって、著者は日本社会の力を経済や共同体的な意味で高めることは、バーゲニング（交渉）を有利にする意味で欠かせないと考えている。他方で、破壊を目的とする軍備を増強することが政策として効果的なものなのか、疑問を持っている。特に安全保障のジレンマや囚人のジレンマモデルで示したような負の均衡を引き起こさずに達成できるのかはしっかり考えたほうがいい。

つまり、日本という社会が強くあることは他国との関係でまったく悪いことではないし、大賛成である。むしろそのためにどうしたらいいのかを常に考える必要があると思うし、少子化対策や科学技術・研究教育への投資、経済成長と財政再建の問題は最重要の政策課題である。また、日本国内の騒乱やひいては内戦の確率を小さくするためにも、貧富の差の拡大と固定化を防ぐことはきわめて重要である。

著者が中長期的に心配するのは、日本人が日本の国力の相対的な低下を前に過度の不満をためること、そして、予防戦争の論理でエスカレーションを引き起こしてしまう危険性である。今のところ、その心配はほとんどないと考えているが、しかし、理論のうえではありうる。他国にそれを警戒する立場が出てくるのは理解できるし、日本がそういった国ではないことを示す責任は当然ながらわれわれにある。

周囲に安心感を与える強い国になることが日本にとっての国益（これは、国民の利益と読んでほしい）であるし、地域や世界の安定にもつながると考える。

第6章　国際政治学にできること

戦争と平和の科学について説明してきたが、最後に将来の方向性を示唆する意味でも、その予測精度の可能性を検討してみよう。戦争と平和の科学は、予測という領域に足を踏み出すべきだというのはデーヴィッド・シンガーの口癖であったが、彼の時代にはまだそれは本格化してはいなかった。しかし近年急速に変化が生まれつつある。

1　戦争の予測は可能か？

平和愛好国と戦争中毒国を読み解く

予測の可能性と仕組みを理解するにあたって、紛争と戦争の分布をマオッツのデータで整理してみよう。マオッツは戦争の相関研究プロジェクトのＭＩＤｓ（武力紛争）データセットを用い、平和愛好国と戦争中毒国が存在することを提示したうえで、戦争が偏って存在してい

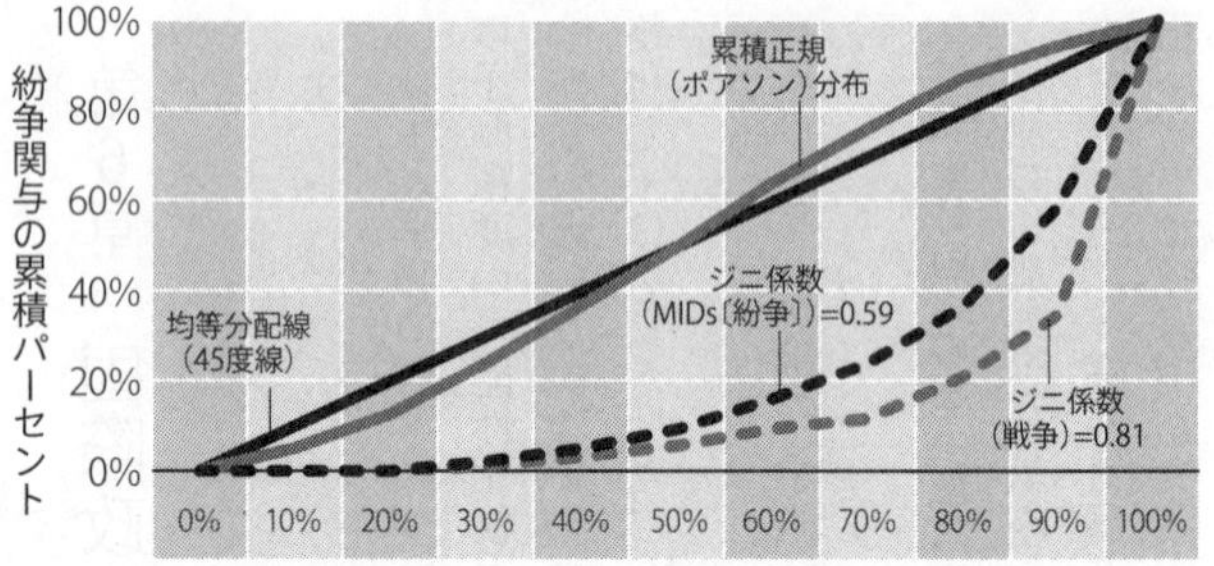

図15　紛争・戦争関与の不平等性の可視化　出典：Maoz 2004

る事実をジニ係数によって示している（図15）。そして、表8は平和愛好国と戦争中毒国（紛争・戦争）の上位一〇ヵ国を指したものである。

　ジニ係数は不平等の指標と知られ、その計算にはローレンツ曲線（図15の直線および破線）が用いられる。ジニ係数は四五度線とローレンツ曲線で囲まれる部分の面積を二倍したもので、完全平等社会であればゼロ、完全不平等社会であれば一となる。

　なお、ローレンツ曲線とは、所得の場合であれば低所得の人から高所得の人へ順番に並べ、それを累積分布として表したものである。所得の累積比率を縦、人数の累積比率を横に示すと全員の所得が等しくなる完全平等社会では累積分布が四五度線で示される。逆に所得を誰かが一人で独占して残りの人の所得がゼロとなる完全な不平等社会では累積分布が逆エル字型となる。

　ここでは、ジニ係数がゼロであれば、すべての国が同程

国名	平和に国際社会に存在してきた期間（年）	国名	国際社会に存在してきた期間（年）	紛争に関与してきた10年間の割合	国名	国際社会に存在してきた期間（年）	戦争に関与してきた10年間の割合
スウェーデン	177	イスラエル	45	1.00	イスラエル	45	0.80
スイス	177	パキスタン	46	1.00	オーストラリア	72	0.63
ベネズエラ	152	インド	46	1.00	シリア	47	0.60
ハイチ	116	ヨルダン	47	1.00	ヨルダン	47	0.60
ウルグアイ	111	シリア	47	1.00	韓国	44	0.60
チュニジア	100	アメリカ合衆国	177	0.83	トルコ	177	0.44
ドミニカ共和国	92	北ベトナム	39	0.80	イラク	61	0.43
アルバニア	75	韓国	45	0.80	中国	133	0.43
リベリア	73	北朝鮮	46	0.79	エチオピア	91	0.40
アフガニスタン	73	中国	133	0.78	インド	46	0.40

表8　平和愛好国（左側）と戦争中毒国（中央・右側）のリスト　出典：Maoz 2004

度に紛争を経験しているという意味で格差がない状態になる。数字が一に近くなるほど紛争に関与している程度に偏りがあり、「戦争格差」が存在することになる。ジニ係数は武力紛争が〇・五九、国家間戦争が〇・八一であることを踏まえると戦争を一度もしない国がある一方で戦争を何度もしている国があるとわかる。

この事実は予測において重要だ。つまり、戦争中毒国のグループにある国々の共通項、そしてそれらの国の過去の事例をうまくデータ化し、かつ理論的な説明にそって予測モデルを作れば、紛争・戦争の確率の計算も不可能ではなさそうである。紛争や戦争は同じ国(同士)で繰り返していく可能性が高いのである。

マオツの研究によれば、平和愛好国であることの要因としては、軍事力が小さく、中小国であり、国富が相対的に小さく、民主主義国で、相互依存の程度が大きく、国内の政治的安定度が高く、また同盟国の数が少ないことがあげられている(表9)。これらは、第3章で紹介した民主的平和論や商業的平和、国際制度の平和の議論が反映されたものである(なお、表9の*は統計的に有意なものを示している)。

これに対して、戦争中毒国になってしまう要因としては、軍事力が大きく、大国であり、また国富が相対的に大きく、相互依存の程度が低く、国内の政治的安定度が低く、隣国の数が多いことがあげられている。戦争中毒国を減らし、平和愛好国を増やす方法についてはさ

説明変数	MIDs		戦争	
	平和愛好国	戦争中毒国	平和愛好国	戦争中毒国
軍事力	−0.280**	0.888**	−0.463**	0.762**
大国	−0.254**	0.871**	−0.442**	0.801**
国富	−0.198**	0.775**	−0.343**	0.641**
政治体制のスコア	0.193**	−0.024	0.043	−0.028
独立時の政治体制のスコア	0.150*	−0.286**	0.298**	−0.296**
相互依存のタイプ	0.455**	−0.245**	0.347**	−0.114
政治的な不安定性	−0.314**	0.298**	0.023	0.214**
近接国の数	−0.406**	0.854**	−0.508**	0.739**
同盟国の数	−0.248**	−0.062	0.075	−0.108
周囲の紛争の数	−0.114	−0.314**	0.065	−0.275**
周囲の民主主義国数	−0.005	−0.170*	0.117	−0.183**
N（観測数）	180	180	176	180

表9　平和愛好国と戦争中毒国の決定要因　出典：Maoz 2004

＊＊は$p<0.1$、＊は$p<0.5$　表のN（観測数）は国の数であり、それ以外の数字（回帰係数）は、ロジット（補遺「変数とデータ生成過程、確率モデル」参照）のモデルで計算された回帰分析の結果である。数値自体はそのままだと直感的な解釈は難しいが、回帰係数の正負を踏まえ、統計的に有意なものについては、効果の方向が読み取れる。

まざまな要因があり、それらは相互に連関しているのだろう。ただ、ジニ係数の高さを鑑みると、ひとたび戦争中毒国に陥ってしまうとそこから離れるのは難しく、戦争中毒からの回復は困難がともなうと想像できる。

ただし、戦争がある国に偏るから予測が簡単とも言い難い。クリスチャン・グレディッシュたちが*Nature*誌に寄稿した論文では、予測される紛争には白鳥（統計モデルで予測できる現象）と黒い白鳥（予測できない異常現象）があるという（Guo, Gleditsch and Wilson 2018）。

時計と雲と黒い白鳥

予測を試みる場合、①分析の対象が時計のような規則性の高い、しかし、たまにずれが生まれていくプロセスをモデル化する試みなのか、②雲や台風のような複雑な要因に規定される、しかし、かなりの精度で予測ができつつあるプロセスをモデル化する試みなのか、または③まったく予期しないイベントで予測は基本的に困難な「黒い白鳥」のような対象をモデル化する試みなのかを区別せねばならない。

戦争と平和の場合、繰り返しデータが蓄積されてきた国家間戦争や内戦、テロリズムは、因果関係に関する理論的な研究の蓄積と豊富な情報もあって、かなり精度の高い予測ができるだろう。しかし、核兵器の使用のような稀なイベントについては、現時点で予測困難というほかない。

PRIOの挑戦

二五人以上の戦死者数を出した紛争を、おそらく「時計」ではなくとも、「雲」であるとして、紛争の予測をオスロ平和研究所（PRIO）のホバート・ヘグレらのチームが二〇一三年、以下のような七つの手順で予測に挑んだ（Hegre, Karlsen, Nygård, Strand and Urdal 2013）。

①予測したい現象についての統計モデルを選定する。
②シミュレーションで用いる説明変数についてデータを収集する。そして、将来どのような説明変数の変化があるかを設定する。たとえば、二〇一一年からの予測シミュレーションの場合、二〇一〇年のGDPデータを用いて、その時点での年間成長率を将来も継続するものとして計算すると決めるのは、この段階での作業になる。
③先ほどまでで設定した説明変数の値と統計モデルを用いて、一年目のすべての国の紛争の予測確率を計算する。
④ある国が紛争を経験したかどうかをランダムに抽出し、予測確率にもとづいて紛争が起きたかどうかを計画する。
⑤説明変数の値を更新する。たとえば紛争は周辺国に波及しうるので、波及効果という説明変数がモデルに入っている場合、予測値で紛争が起こるとその翌年の周辺国の紛争確率が高まるはずだ。そういった予測結果を踏まえて説明変数のデータ更新が行われる。
⑥上記の③から⑤までを、たとえば二〇一一年から二〇五〇年まで繰り返し、シミュレー

ションで得られた結果を記録する。

⑦上記の②から⑥までを何度も繰り返し、結果がある特定のシミュレーションの結果に左右されないように多くの試行の平均をとることで安定的な結果を得る。

ヘグレらのモデルには、（A）紛争の歴史、（B）幼児死亡率、教育程度、若年層の割合、総人口、エスニックグループの分布、産油国であるかどうかといったその国や地域の開発の程度、（C）周辺国の開発の程度とその国の紛争経験といった変数を含めて予測を行っている。結果は次節で紹介しよう。

ウプサラ大学の試み

さらには、二〇一八年七月からウプサラ大学のチームも予測を一ヵ月単位で行うような枠組みを構築し、データと予測を公表している。月単位での紛争予測を開始時点から三六ヵ月分示すもので、ＰＲＩＯの予測モデルよりもより高度な推定モデル（ベイズ推定）が用いられている。

プロジェクトは「ViEWS: a political Violence Early-Warning System」という名称で欧州連合の大型研究資金が投入され、今後の展開がとても楽しみなものである。このプロジェクト

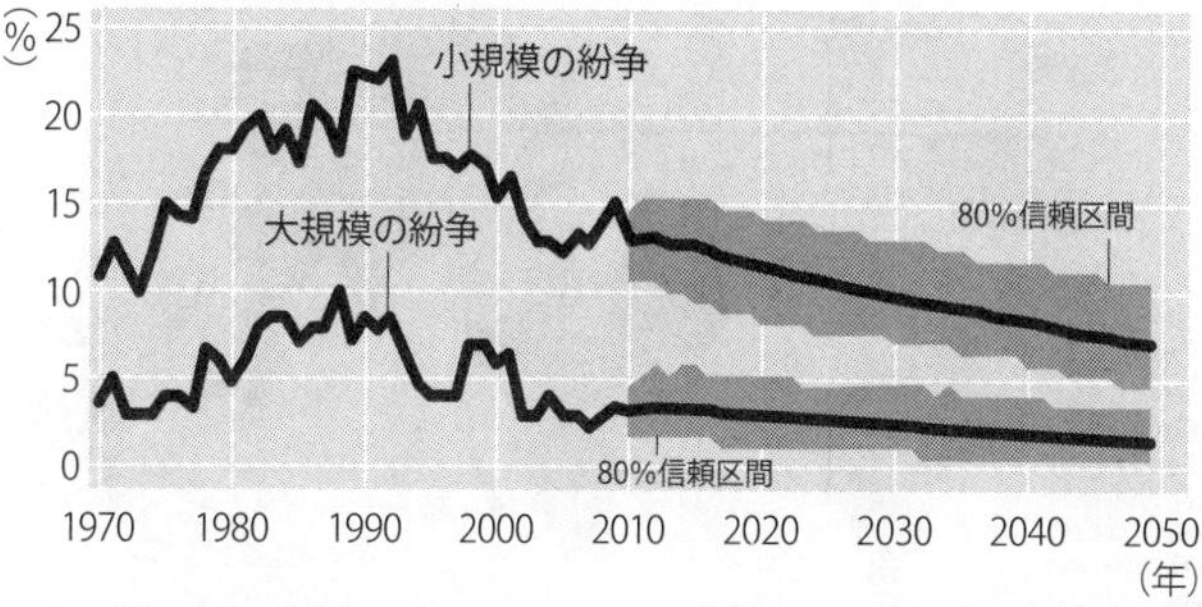

図16　紛争関与国の比率の予測（小規模・大規模）　９つの推計式の予測の平均　出典：Hegre, Karlsen, Nygard, Strand and Urdal 2013

の魅力は、データの対象は今のところアフリカ大陸に限られるものの、地理情報システムを最大限活用し、紛争の発生地域を特定し予測する点にある。

2　予測結果とわれわれにできること

ヘグレらの実証研究

ＰＲＩＯに在籍していたヘグレらの二〇一三年発表の研究論文によると、図16にあるように紛争の確率は下がっていくと予想されている。

年間二五人以上、一〇〇〇人以下の戦死者を出す比較的「小規模の紛争」と一〇〇〇人以上の戦死者を出す「大規模の紛争」を合わせた紛争の生起確率は、年間一三パーセント程度から八パーセント程度まで下がっていく。「大規模の紛争」だけの生起確率に限る場合には、それは四パーセント程度から二パーセント程度にまで下

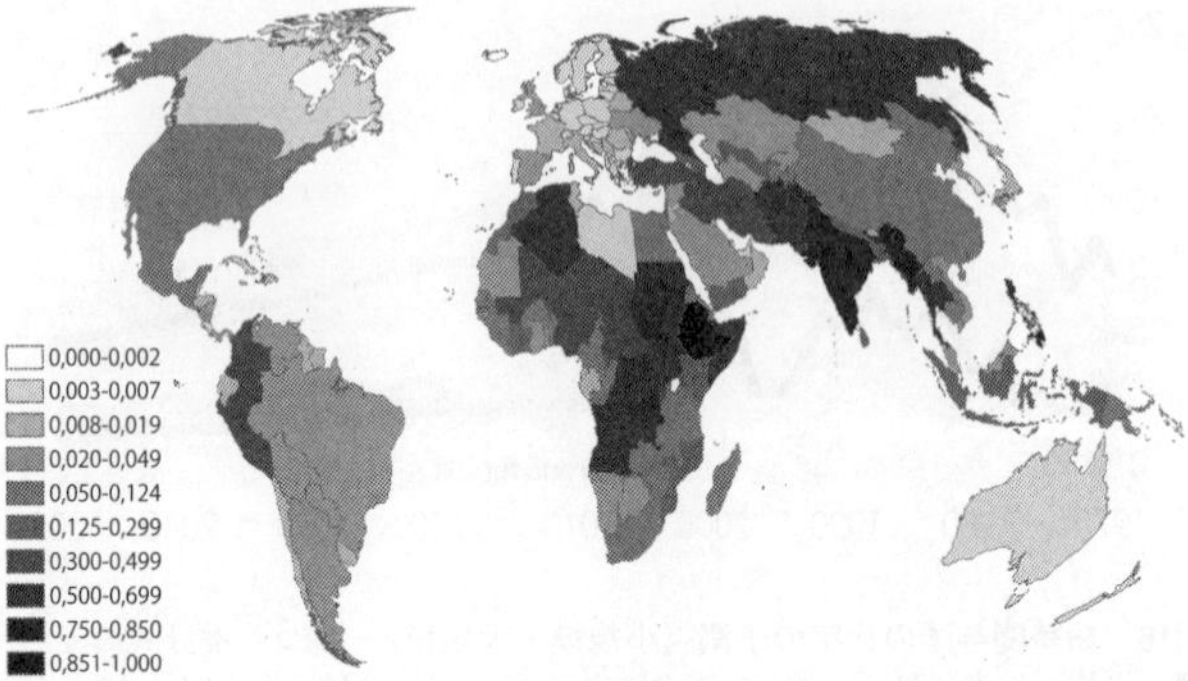
0,000-0,002
0,003-0,007
0,008-0,019
0,020-0,049
0,050-0,124
0,125-0,299
0,300-0,499
0,500-0,699
0,750-0,850
0,851-1,000

2017年

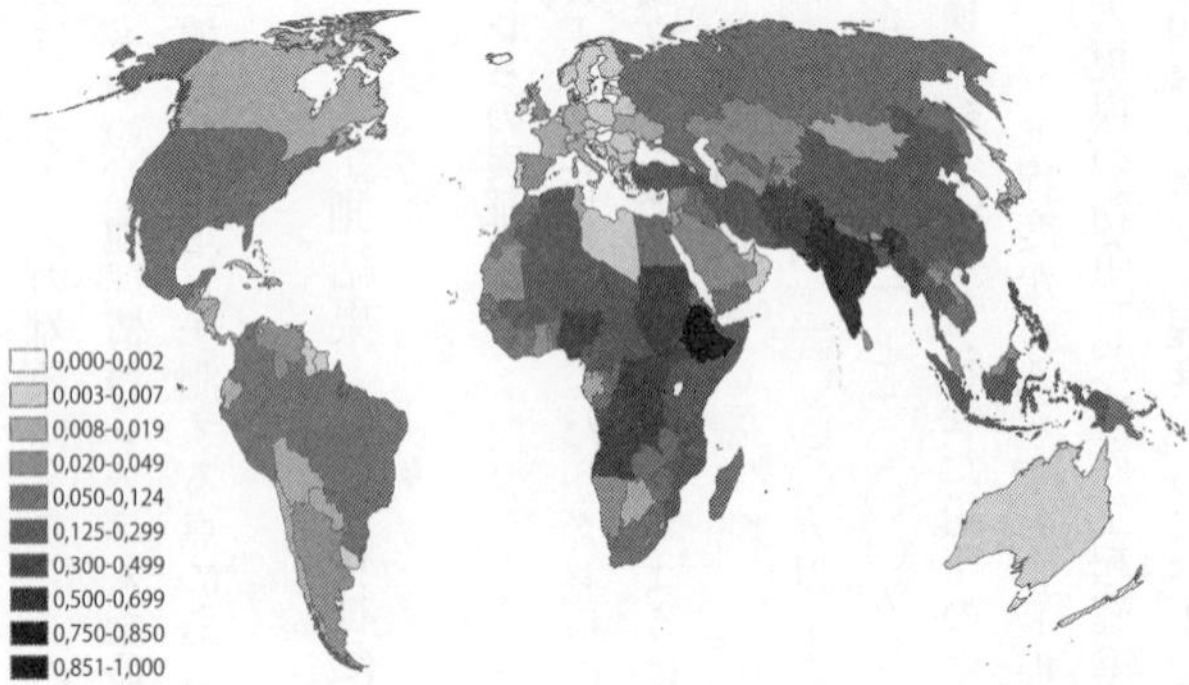
0,000-0,002
0,003-0,007
0,008-0,019
0,020-0,049
0,050-0,124
0,125-0,299
0,300-0,499
0,500-0,699
0,750-0,850
0,851-1,000

2050年

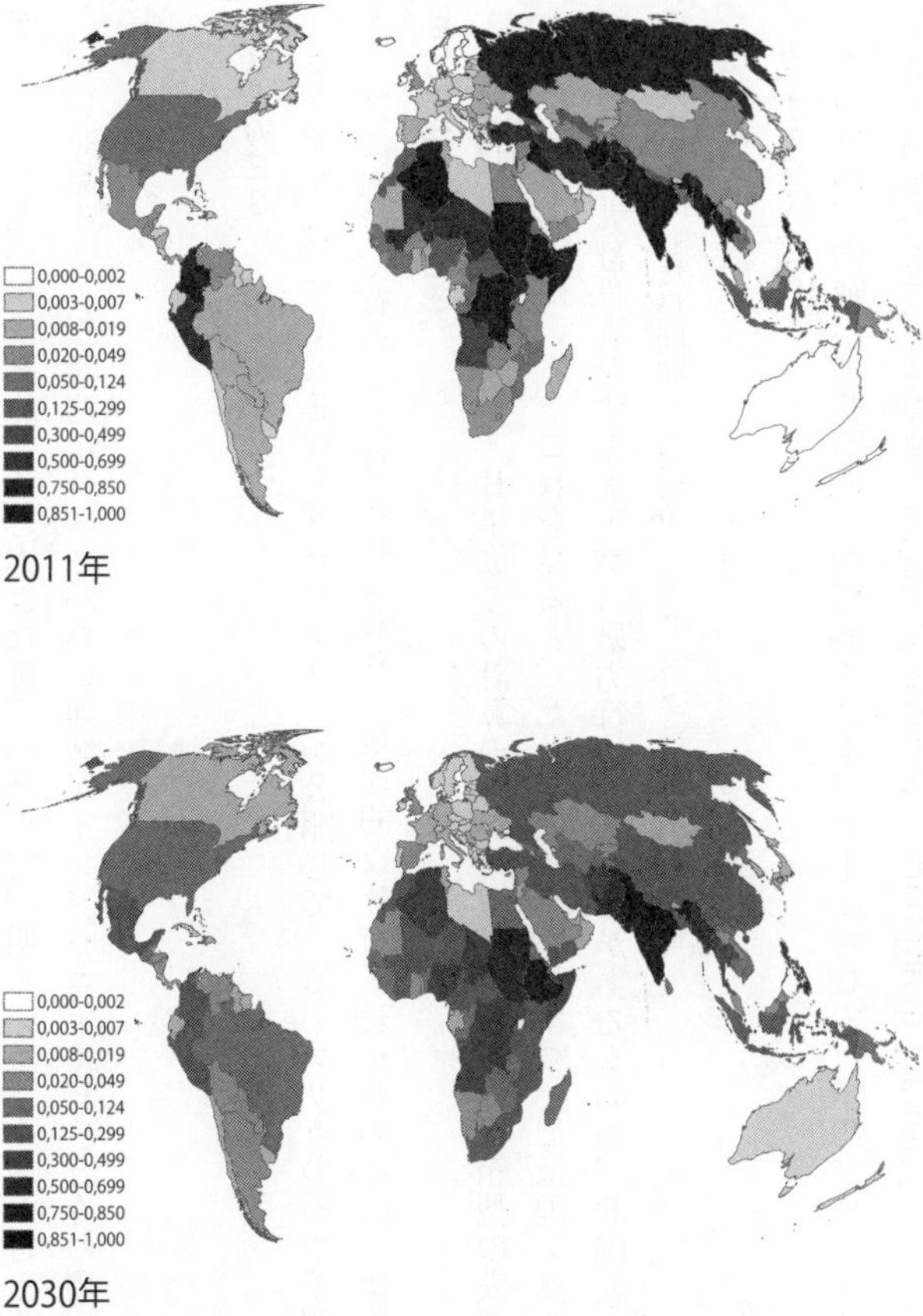

図17　国別の紛争のリスク予測分布　色の濃淡で紛争の生起リスクを示している．色の濃いものが高リスク（最大値１）で、薄いものは低リスク（最小値０）．

出典：Hegre, Karlsen, Nygard, Strand and Urdal 2013

がる。一九九〇年代と比べると大きな確率の減少で、明るいニュースと言える。

図17を見ると、相対的にリスクが高い地域がインドやエチオピアとその周辺にあることがわかる。

ViEWS

ウプサラ大学でViEWSプロジェクトが公開しているアフリカの紛争予測では、紛争のタイプに応じて確率が計算されており、地理的な分布もわかりやすい（Hegre, Croicu, Eck and Högbladh 2018）。

地理的なグリッドセル・月単位での計算のほか、国ごとの推移が箱型の表記に色別で紛争の確率が示されている。これを見ると、たとえばブルンジについては国レベルの紛争と政府が一方的に大量殺戮をするタイプの暴力行使のリスクがあるものの、非国家レベル紛争（国内の政府を除いた集団同士の紛争）のリスクは相対的に低い。

クーデター予測

このほか、内戦の主要因の一つであるクーデターに対して、予測プロジェクトが生まれている（https://oefresearch.org/activities/coup-cast）。One Earth Future というアメリカのNP

O・シンクタンクが推進しているもので、テネシー大学で国際政治学の教員をしていたカーティス・ベルという研究者がクーデター予測データの責任者（PI：Principle Investigator）になっている。

たとえば、二〇一八年一〇月の場合、ブルキナファソがクーデターの起こりやすい条件がそろった国で、〇・六二パーセントの確率が計算されている。ギニアビサウが〇・五四パーセントで続き、第三位のソマリアは〇・四九パーセントであった。総じてアフリカの国々が上位にある（表10）。アジア圏からはタイとトルコが上位に入っている。

それから一年経っていない二〇一九年八月になると、今度はスーダンやエジプトといった国が一位・二位に入り、オッズを見ても確率が高くなっていることがわかる。リスク変化も上昇している国が増えている。

われわれに何ができるのか？

戦争と平和に関する科学的なデータの蓄積を紹介してきたが、予測まで考えるとその信頼性はまだ乏しいといわざるをえないのだろう。もちろん、数十年前と比べれば、予測に用いられるデータの質は高まり、モデルの精度も確実に上がっている。そして、昨今のデータサイエンスが社会科学に与えるインパクトの大きさを鑑みれば、予測の信頼性が劇的に上がる

2018年10月

順位	国名	オッズ（単位：月）	前の月からのリスクの変化
1	ブルキナファソ	1/161	減少
2	ギニアビサウ	1/184	減少
3	ソマリア	1/204	減少
4	レソト	1/236	減少
5	中央アフリカ	1/259	減少
6	ジンバブエ	1/269	減少
7	ブルンジ	1/273	減少
8	コートジボワール	1/304	減少
9	マダガスカル	1/307	減少
10	ハイチ	1/323	減少
11	カメルーン	1/333	上昇

2019年8月

順位	国名	オッズ（単位：月）	前の月からのリスクの変化
1	スーダン	1/ 91	上昇
2	エジプト	1/128	減少
3	ギニアビサウ	1/132	上昇
4	ニジェール	1/171	上昇
5	シリア	1/180	減少
6	ヴェネズエラ	1/180	上昇
7	アルジェリア	1/254	減少
8	ブルキナファソ	1/268	変化なし
9	アフガニスタン	1/282	減少
10	南スーダン	1/290	変化なし
11	カタール	1/340	減少

表10　クーデター生起確率の高い国々　2018年時点と2019年８月時点。
出典：https://oefresearch.org/activities/coup-cast

日もそう遠くはない予感がする。

一九九〇年代までのデータの質はかなり粗く、再現性を担保する仕組みも乏しかったために、エセ科学だとして、それを信用しない研究者も多かった。著者が学んだ日本の大学でも、そういう立場の先生はいたし、回帰分析は特に批判の的であった。多くの仮定を置いたうえで世の中を表現することに抵抗感を覚えるのは理解できる。そうした人たちは、戦争のような現象の生起確率が、ある関数に従うものと仮定して計算することにさほど意味はなく、世界の複雑な紛争の予想など、夢のまた夢なのだと決めてかかるのだ。

おそらく、その背景にはわれわれが対象にする問題が、戦略的相互作用の産物であるという代えがたい事実がある。気候や地震とは違い、相手は戦略的に自分が出す手を想像し、その想像を相手も想像しているとさらに想像し、もっと手を読んで、そのうえで意思決定をする。

戦略的相互作用と不確実性のあるなかで、国際関係のアウトカムは予想しにくいものだと言える。しかし、本書で紹介してきた研究者たちは、戦略的相互作用の存在を意識した回帰分析をするほか、因果メカニズムの解明に特化した実験手法の導入など、この課題に応えるべく手をうち、先端的な知を作り出そうとしている。

もちろん、戦略的相互作用を記述し推計する意味では回帰分析の限界はあるし、目下流行している実験手法もその足しにはならないかもしれない。むしろ、マルチ・エージェント・シミュレーションといった、多数の行為者が相互作用する仮想環境を作り上げるコンピューター計算技術の利用で、予測についてもさらなる活路が拓けるのかもしれない。

マルチ・エージェント・シミュレーションについては、二〇〇八年に山影進が著した『人工社会構築指南』からはじめるとよいだろう。または、第5章で示したように、レンションがその著書で用いていたネットワーク理論と同データの応用が有効なアプローチかもしれない。

しかし、大事なのはどの方法であれ、透明性が高く、科学としての国際政治学の蓄積が増えれば、戦争の原因・平和の条件をさらに明らかにし、そして将来のより正確な予測も可能になると考える姿勢である。過去五〇年での達成度を考えれば、そして加速度的に進化するデータ社会科学のスピードを思えば、戦争の平和と科学が、信頼できる予測を行う日の到来を楽観的に期待してもよいのではないかと思う。

実際、昨今の技術の革新とともにデータの質の向上はわれわれに新しいチャンスを与えている。AIやマシンラーニングといった技術面での改良に加え、平均値や中央値ではなく現実に意味のある数字を使って予測を行う推定方法の改善、地理情報データやイベントデータ、テキストデータ、ネットワークデータといった新しい情報の蓄積は、より精緻な戦争と平和をめぐる科学的研究を可能にしていくものと思われる。

よって、われわれはあきらめずに科学的に戦争と平和の現象を記録し、データ化し、分析し、予測を試み、そして改善の議論をし、それらをすべて透明性の高い形で公開すべきだろう。それが新たな研究を生む。そうやって科学的な戦争と平和の研究の理想的なサイクルが働き、われわれの知識を増やす。これが国際政治学の理想的な姿である。

北米のほか、北欧（PRIOやウプサラ大学など）・スイス（スイス工科大学など）・英国（エセックス大学など）・ドイツ（コンスタンツ大学など）、そしてアジア諸国でもソウル（延世大学校など）や香港（香港大学など）、シンガポール（シンガポール国立大学など）などで科学として戦争と平和が語られる時代になっている。


平和を作りたいならば、スローガンを唱えるだけではなく、イズムの家にこもって一つのレンズで論じるのではなく、根拠のない印象論を繰り返すだけでなく、地道なデータの集積と分析、そしてその適切な解釈と統合が求められる。そこにおけるデータは数字化されたものだけではなく、第4章でクーパーマンの人道介入に関する分析が一国事例研究であったように、歴史的な研究や詳細な事例分析も含まれ、広い意味での実証的な国際政治学の営みが該当する。

わかりにくい困難な事象を対象にする国際政治学、平和と戦争の問題であるからこそ、科学の力で透明性があるなかで議論を行い、いかに不毛な戦争を回避できるかについて知恵を出し合う必要がある。

補遺

COW

戦争をめぐるデータセットの代表格が、戦争の相関研究（COW《カウ》）である（http://www.correlatesofwar.org/data-sets/COW-war）。このデータはすべて無料で利用でき、紛争をめぐる計量データとしては、まずCOWからはじめたい。シンガーのはじめたCOWデータは、一年間に一〇〇〇人以上の戦闘員の戦死者があることを基準とするという意味で基準値（これを閾値《いきち》と呼ぶ）の高いデータである。

たとえば、一九八九年一二月にパナマの国家元首であったノリエガ将軍を逮捕するためアメリカ軍が軍事行動をしたいわゆる「パナマ侵攻」は、戦死者数が年間一〇〇〇人に満たないためにCOWデータでは国家間戦争に該当しない。

COWは狭義には戦争データのことを指すが、実はそれ以上の情報を集約し、広義にはいくつものスピンオフ・データセットを抱える。たとえば、主権国家のリストと国番号（ちなみに、アメリカ合衆国が二番、カナダが二〇番、日本は七四〇番である）、国力のデータ、地理的距離（近接性）データ、宗教データ、同盟データ、国際組織データ、外交承認データ、貿易データ、領土変更データなど多岐にわたる。戦争を説明する要素を網羅的にデータ化しなくては何がそれを引き起こすのかを特定できないわけで、自ずから射程が広がっていった。

MIDs

武力紛争（MIDs《ミッズ》）データは、COWデータの一要素として追加され、維持管理されてきた、より暴力的衝突の程度の低いものを包括的に含んでいる（http://www.correlatesofwar.org/data-sets/MIDs）。武力の行使だけではなく、武力による威嚇や移動（動員）といった行動も網羅している。いまは地理情報データに対応したMIDロケーションズ（バージョン2）もリリースされている。アラバマ大学のダグラス・ギブラーがMIDsデータの維持作業を行い、その詳細な説明を加えている。彼のウェブページも参照するとよい（http://dmgibler.people.ua.edu/mid-data.html）。

ICB

カナダ・マギル大学のマイケル・ブレッチャーとメリーランド大学のジョナサン・ウィルケンフェルドが一九八〇年代に公開しはじめた国際危機に関するデータセットである

(https://sites.duke.edu/icbdata/)。対立の存在を踏まえ、それが戦争にいたるような危機および、最終的に戦争になってしまった場合を判別するため、一九一八年以降の事件を収録している。現在はデューク大学と南カリフォルニア大学の研究者らが共同管理をしている。

ウプサラ・PRIO

北欧のスウェーデン・ウプサラ大学とノルウェーのPRIO（オスロ平和研究所）が共同で構築・維持しているデータセットである（http://ucdp.uu.se/ および https://www.prio.org/Data/Armed-Conflict/UCDP-PRIO/）。

もともとウプサラ大学は、ウプサラ紛争データプログラム（UCDP）を保有してきたが、オスロ平和研究所の武力紛争データ（ACD）と連携し、現在では一つのデータセットに統合されている。死者数の閾値が二五名と低く、COWデータよりも網羅的なリストになっているという主張もたびたび目にする。地理情報システムとの相性も良く、ウプサラ大学のデータ公開用ウェブサイトは地図をクリックして紛争の有無などを確認可能で、インタラクティブで優れたものになっている。

そのほかのデータ

データセットには、ほかにもさまざまな研究の試みがある。

著者もアメリカの武力行使のデータセットをつくり、公開している。アメリカの軍事行動が多角的になる場合と単独になる場合を比較する研究をするため、自らデータにコードブックというデータを作る定義のリストを参照して数字を振り（この数字を振る作業を「コード」すると言う）、データセットにしたもので、千倉書房から二〇一〇年に『武力行使の政治学』として刊行した。また、いわゆる多角的な武力行使でも有志連合とよばれる多国籍軍の参加国のリストをデータとしてまとめ、公表している（Tago 2009）。

こういったデータはそれぞれの研究者のウェブサイトのほか、近年は研究論文の追試データセットとして学術雑誌の公式サイト、またはハーヴァード大学のデータヴァースのようなリポジトリ（データを長期的に保管し公開する場所）に保管され、常にアクセスできるようになっている。著者の場合、所属する研究機関の移動もあったため、ハーヴァード・データヴァース（https://dataverse.harvard.edu/）に寄託している。

また、二〇〇〇年代以降、ＥＵＧｅｎｅ《ユージーン》（Expected Utility Generation and Data Management Program）という無料のソフトウェアを用いることでダイアッドデータを簡単に作れるようになった。条件を指定することで簡単にデータが生成できるため、できたものが意図通りのものかは必ずチェックしないといけない。なお、この点についてはEUGeneによる自動データ生成が引き起こす集計バイアスの存在が指摘されている（Maoz et al. 2019）。ユージーンは二〇一九年にバージョンアップし、ＮＥＷＧｅｎｅ（http://www.newgenesoftware.org）というものに引き継がれている。

生起確率とオッズ比

科学的な国際政治学では、戦争の生起確率の変化量という言葉が多用される。それは、ある条件（たとえば政治体制）が変化したときに、戦争の生起確率がどのくらい変わるのかという変化量を論じる。民主的な国同士の戦争の生起確率が一パーセントで、民主主義国と非民主主義国のあいだの戦争の生起確率が三パーセントであれば、一パーセントを基準にして二パーセント・ポイント増の違いがあり、条件による生起確率の変化量は三倍に増えたことになる。もちろん、この数字にも信頼区間（後述）を求めることができ、その数字の確からしさを表現もできる。

ただし、三倍の変化という表現には注意して読解したいものである。論文によってはなるべく効果量を大きく見せるため、時に三倍の変化があるといった記述がなされる。しかし、ここの例では、差は生起確率が一パーセントから三パーセントに変わるというものであった。

同じ「三倍に増えた」という場合でも、たとえば生起確率が二〇パーセントだったものが六〇パーセントまで変わるという実質的な意味がきわめて大きなものと同様に考えるべきではない。変化を示しているときは、それが何から何までの変化なのかを確認する必要がある。

このほか、オッズ比という表現の仕方もある。まず、オッズというものを考えよう。オッズとは、ある事象が起きる確率をwとしたときに、w／(1-w)で定義される。さらにオッズ比を、w（第一群）とc（第二群）の生起確率の比較とすると、w／(1-w)をc／(1-c)で割った数、すなわちw(1-c)／c(1-w)と定義される。オッズ比が一であると、対象とする事象の起こりやすさが両群で同じことを意味する（起こりやすさの比較のためには便利な指標になる）。オッズ比が一より大きい（小さい）場合には、事象が第一群（第二群）で相対的に起こりやすいということを示す。第一群（第二群）のオッズがゼロに近づけばオッズ比はゼロ（無限大）に近づく。なお、オッズ比は必ずゼロ以上になる。これも条件間の比較の際に使われることがある。

たとえば著者が二〇〇九年に*Journal of Peace Research*誌に掲載した、アメリカが率いる有志連合から連合参加国が早期に離脱する（裏切る）タイミングを説明する計量研究では、政権交代では離脱は起きないものの、政権選択の国政選挙がある月に離脱の起きる確率が上がることを示した。オッズ比が八を超えていたため、つまり、八倍以上の変化があることがわかった。選挙があるときは有志連合参加国も裏切りを選択し、己の国政を優先する。

変数とデータ生成過程、確率モデル

さらに変数とデータ生成過程（DGP）という言葉を簡単に説明しておく。まず、データは一つひとつを変数という単位で考える。変化する数なので、「変数」と覚えればよい。もしも戦争のある／なしを変数として集める場合、データセットとしてはゼロを戦争不観測、一を戦争観測として分析単位ごとに記録し、それを表11のような行列の形で集積していく。これは文字通り、行と列の「エクセル」のスプレッドシートを思い出せばいい。

表では、ダイアッドに六桁の数字があるが八〇〇番という国が二番という国とのペアが最上部に記録されており、一九九一年の次は一九九二年のデータが収録されている（年という変数）。一九九一年に戦争はなかったが、一九九二年に起きている（注　戦争発生の変数を参照）。また、一九九六年にも戦争が再発している。ただし、戦争の発生という変数なので、継続時間は記録されていない。ただ、このデータからは、一九九二年に起きた戦争は一九九五年までには終結していたはずだ。そうでなければ一九九六年に再発は観測されないからである（なお、このデータは説明のためにつくられた架空のものである）。

一九九二年にはどうやら八〇〇番ないし二番のどちらか（もしくは両方）が民主主義国で

ダイアッド番号	年	戦争発生(1)	民主主義国同士(2)	貿易依存度(2)
800002	1991	0	1	30
800002	1992	1	0	40
800002	1993	0	0	45
800002	1994	0	1	0
800002	1995	0	1	NA
800002	1996	1	1	NA
800020	1991	0	1	35
800020	1992	0	1	35
⋮	⋮	⋮	⋮	⋮
800802	1994	0	1	60
800802	1995	0	1	65
800802	1996	0	1	50

表11　データセット行列の例　戦争の発生の有無を分析するにあたっては、（1）は結果変数に対応、（2）は説明変数に対応する

はなくなってしまったようだ。なぜなら、「民主主義国同士」という変数が一からゼロに変化している。七行目からは別のダイアッドのデータが記録されている。そして、一九九四年には双方の国が民主主義になったとわかる（「民主主義国同士」という変数が一になっている）。

　また、NAという表記があるが、これはデータが欠損している場合に用いられる（単に「.」の場合もある）。

　収録されているデータはあくまで数字でしかないので、ダイアッド番号といった変数名をコードブック（どのようにデータを観測し、数字にどういう意味があるかを示したもの）で確認し、何が記録されているのかを読解せねばならないこと

は強調しておきたい。

さて、このときゼロと一という二つの結果をもつ変数（これをカテゴリ変数と呼ぶ）であれば、一である確率がpで、ゼロである確率は1-pとなるベルヌーイ分布に従うことが知られている（ここで分布とは、いわゆる確率分布のことで、何らかの確率変数に対してある値をとる確率を表したものである）。しかも、ベルヌーイ分布に従う事象を繰り返し発生させていく場合、一という結果が起こる回数は二項分布になる。こういった分布、つまり、データが発生した仕組みを「データ生成過程（DGP：Data Generating Process）」と呼び、さらに、それを確率変数で表した模型（モデル）を確率モデルと呼ぶ。

ここでベルヌーイ分布に従う確率変数で一が起こる確率をpとするとそのオッズはp／1-pと定義される。このオッズの対数をロジットといい、これをリンク関数（変数を入力する線形予測子〔説明変数の線形関数〕を出力する関数）として用いて、事象が起こる確率を表現していく。詳しくは専門教科書に委ねるが、これらの「確率モデル」は回帰分析で用いられ、われわれが真値《しんち》（真の値）を推計するのに利用される。

頻度論・最尤法と信頼区間

回帰分析は従来は頻度論という考え方、そのなかでも最尤法《さいゆうほう》という推定枠組みを用いることが通例であった。頻度論の考え方では、真値がどこかにあって一つに決まると考える。そこで、真値を表すであろうデータ生成過程に合致する確率分布を事前に決めておき、それを結果変数のデータにあてはめ、そのデータをもっともうまく表現できる形の確率分布を用いて係数を推計する。最尤法の場合には係数を得たときの不確実性は先ほども示した信頼区間という範囲で示されるが、これは読み方に若干の癖がある。

詳細は割愛するが、頻度論である最尤推定の場合、係数の真の値が信頼区間の間にあるといった読み方をしてはいけない。信頼区間とは、同じ条件で標本抽出を何回か繰り返せば、区間の内側に真値が含まれる回数はこの程度だということを意味する幅を示している。九五パーセント信頼区間であれば、二〇回に一回は真値が入らない可能性があることを意味する。もちろん、信頼区間の精度を上げて九九パーセント信頼区間にすれば、その値の幅は広がることになる。

社会科学の場合には九五パーセント信頼区間を多用するのだが、それは二〇回に一回は真値が入らない可能性があるくらいの確からしさの推計値の幅を示していると考えていただきたい。ただし、繰り返すように、その幅のなかに真値が九五パーセントの確からしさで入っていると評価するのは頻度論では間違いである。

ベイズ推定

近年、ベイズ推定というアプローチが普及しつつある。ベイズ推定では、真値は確率分布であり、データも更新されていくものととらえる（ただし、ここには論争があり、真値は真値で一つに決まり、それに対する信念が分布するという論者もいる）。ベイズ推定の強みは、データ生成過程を柔軟にモデル化することができ、過去の知見を取り込むことができる点にある。これはデータの規模が小さくても推定を可能にするという強みを持つ。ベイズ推定では、真値が確率として信用区間の間にあるとみなされることになるため、一般的にとっつきやすい推定値になっている。

残念ながら本書では従来の研究の蓄積に依拠するため、最尤法で計算された数字を多く出すことになってしまったが、今後はベイズ推定で確率を計算し報告していくのが標準になっていくと考えられる。第3章の報道の自由と平和に関連するマイク・コラレシの研究結果や第5章で紹介したダグラス・ギブラーによる領土の平和論の研究結果は、ベイズ推定のやり方で計算されている。

科学的な戦争研究を取り巻く学会について

戦争と平和の科学を担う世界的な学会としては、ＰＳＳ（Ｉ）(Peace Science Society

〔International〕）がある。北米を中心にする学会であるが、国際安全保障をデータや数理で分析する研究者であれば、ここで一度は発表するのではなかろうか。

専門誌として、*The Journal of Conflict Resolution* 誌と *Conflict Management and Peace Science* 誌を抱えるほか、*Journal of Peace Research* 誌も同学会と密接な関係を持つ。同学会の年次大会は一本のペーパーに三〇分を割り当て、集中的に議論するもので、世界国際関係学会（International Studies Association）といった大規模学会に比べて質問の質も高く、出席する意味が大きい（唯一の問題は日本からアクセスしにくいアメリカの大学町で開催されることだろうか）。

また、日本も含めてアジア太平洋地域の学会としては、PIPC《ピプシー》（Pacific International Politics Conference）という枠組みができている。こういった学会のウェブサイトにある年次大会プログラムを見れば科学的な、国際政治学の最近の研究動向もわかるだろう。

科学的な戦争研究と定期的に出会うために

最後に、ここまでお付き合いいただいた読者に今後どのように最新の科学的な国際政治学に接することができるかについて情報提供をしておこう。

著者は、ワシントン・ポストのブログシリーズである「モンキー・ケージ」（https://www.

washingtonpost.com/news/monkey-cage/）を強くお勧めしたい。データの蓄積を踏まえて国際政治や比較政治の論点を政治学者が議論し、政策的にも示唆に富む論考を読める場所であり、この本の読者なら楽しめる記事が多くあるはずだ。

アメリカ政治や比較政治の論点が多いという印象を持つかもしれないが、国際政治学や政治心理学が専門の著者が共同研究者とともに二度ほど寄稿したことがあるように、本書と関連するテーマとした記事も少なくない。きっとみなさんの知的好奇心に応える良質の論考が出てくるし、また、日々進歩する科学的な国際政治学を知ることができるだろう。科学的な政治学者が広く社会にアウトリーチするために用いている媒体なので、ぜひブックマークして何度も訪れていただきたい。

このほか、カリフォルニア大学サンディエゴ校のバーバラ・ウォルターらが編集する「Political Violence @ A Glance」という紛争研究に特化したブログシリーズもおすすめできる（http://politicalviolenceataglance.org/）。

おわりに

本書は日本において本格的に、しかしなるべく平易に科学としての戦争と平和、科学としての国際政治学を紹介した、類書が限られるまさに「新」書となるのだろう。計量データや数理分析（ゲーム理論）を用いた研究は、少なくとも日本では現時点でも「新しい国際政治学」であり、その入門書としても活用していただけるかもしれない。科学である以上、本書の示す国際政治学は早稲田大学政治経済学部や同大学院政治学研究科、または著者の前任校である神戸大学大学院法学研究科といった適切な政治学の教育機関で訓練を受けていただければ、その再現や追試はどなたにでも体感いただける。

これは服部龍二氏が『高坂正堯《こうさかまさたか》―戦後日本と現実主義』で、高坂の仕事を通して紹介した古典的な国際政治学のあり方とは対照的だろう。科学なので明確な方法があり、それは秘伝でもなんでもなく、透明性の高い手続きであり、分析結果も確率に基づいて表現される。それは他者からの批判が行われる可能性を意識したうえでの常に「緊張感のある知の生産の営み」である。それゆえ、データがない場合など多くのことがらに「わからない」という答えを出さざるをえないかもしれない。もしくは、仮説を確かめて結論を得るためには新しいデータがいる、というところでとどまるだろう。

戦争が交渉の失敗であるととらえる視座とそれをベースにさまざまな平和をめぐる議論を解説したが、この考え方がいままで日本でわかりやすく説明されてこなかったのは著者には驚きでしかない。

民主的平和論を一つの軸に、報道の自由の議論や商業的平和論、領土の平和論などを説明したが、何が平和を増やすのかについてはまだ研究者の間で論争が続いている状態である。何が有力な説明になるのかは、論理的な整合性（ゲーム理論の活躍する場面だろう）と実証的な裏付け（データ分析の活躍する場面である）による科学的な証拠の積み重ねによる。ここをスタートに読者も戦争と平和の科学に興味を持ってもらえたらと思う。

長らく、英語の媒体で世界に対する知的生産に関与してさえいればいいと思っていた著者だったが、神戸大学での講義を通じ、日本の大学生に対して科学的な国際政治学を教育する必要をだんだん感じるようになった。その結果、著者の一人として参加したのが砂原庸介・稗《ひえ》田《だ》健《たけ》志《し》の両氏とともに書いた『政治学の第一歩』（有斐閣、二〇一五年）であった。本書は、それよりも広い読者を意識し、と同時にデータ分析の作法はしっかり説明して科学としての矜持を保ちつつ論を展開したもので、著者個人の想いとしては『政治学の第一歩』の第一〇章「安全保障と平和」の増補版・続編である。

本書を書かねばならないという想いはある種の使命感によるものであった。というのも、日本国内でたびたび目にする、根拠が示されることのない国際政治をめぐる論評・政策談義に困惑してきたからである。本書をきっかけに、日本における外交・国際政治にかかわる政策議論が論拠と根拠をもってなされ、そして建設的な対話の上で選択されていくことを願いたい。

もちろん自分の論にもデータの裏付けが弱かったり、そもそも欠けていたりする部分がある。率直に言ってまだ仮説や推論でしかない部分もあるし、それについては今後実証研究を試みたいと思っている。

しかし、本書で紹介した研究は追試データを公開し、透明性が確保されたものであったし、著者の仮説については将来的に研究を行い、実証データを公開したいと思う。それゆえに、本書の議論に対しては科学的な反論の余地が担保されている。もしも読者が新しいデータや分析手法で著者の議論に反論してくださるとしたら狙い通りであり、科学が日本の国際政治学に定着していくことを意味する。

本書は、多数の恩師と友人、そして家族なくしては上梓できなかった。

そもそも本書は、亡きJ・デーヴィッド・シンガー先生の「遺言」に従ったものである。デーヴィッド・シンガー先生は二〇〇一年の夏、ICPSR（政治・社会調査のための大学協会）のサマースクールでお会いした際、何の躊躇もなく著者の引き受け教員となってくださった。その翌年から二年間、ミシガン大学アナーバー校での研鑽が可能になり、科学的な戦争研究を知ることができた。

二〇〇四年の帰国直前、シンガー先生から「日本で科学的な世界政治研究（scientific study of World Politics）を広めなさい」と使命を与えられたが、本書がそのために少しでも役に立てばと願うし、空の高みから本書が出たことを喜んでくださっていると願いたい（シンガー先生のオフィスで彼の電子メールを読み、その返信メールをタイプしつつ英文の書き方を習った日々が懐かしい）。ただ、彼がこだわる世界政治という言葉には、国家と国家の関係にとどまらない多様な現象が含まれ、本書がカバーしたテーマ以外にも、一方的な大量殺戮、テロリズムといった重要な論点が残っており、それについては今後の宿題として残してしまうことを許していただきたいと考える。また自分が専門とする同盟や有志連合については和書でいつかしっかりとした研究の紹介をしないといけないのだろう。

このほか、ミシガン大学在籍中は、ゼヴ・マオツ、フランク・ウェイマンといった戦争の相関研究を率いてきた先生方とランチ・セミナーをともにする時間を得たことが大きかった。そして、英語でのデビュー論文を何度でも改稿するのに付き合ってくださったダグラス・レムケ、オフィスメイトであったビル・リード、学会で一度お会いしただけの著者にさまざまな助言をくださったベンジャミン・フォードハムのお三方に厚く感謝をお伝えしたいと感じる。彼らなくして著者は科学的な戦争研究の世界に参画することはできなかったと思う。また、このような幸運な修業の機会を与えてくださり、最終的に博士論文までご指導くださった山本吉宣先生に深く御礼を申し上げたい。山本先生のほかに、東京大学でお世話になった石田淳先生、古城佳子先生、故・小寺彰先生、山影進先生に対して感謝の意を表したい。

そして、あえて敬称は略すものの、トビアス・ボーメルト、チャールズ・クラブツリー、ハン・ドルッセン、クリスティン・エック、ソンイン・ファン、エリック・ガーツキー、キュー・ハーン、ソフィア・ハッツ、クリスチャン・グレディッシュ、ジョセフ・グリーコ、ウルリッヒ・ピルスター、カイ・ケック、ジェラルド・シュナイダー、ヤン・スルギ、リー・シャオジュン、スルジャン・ヴセティック、浅野良成、浅羽祐樹、稲増一憲、大坪庸介、小浜祥子、小林哲郎、小宮義高、砂原庸介、田中世紀、千葉大奈、土井翔平、稗《ひ》田健志、日道《みち》俊之、堀内勇作、松村尚子、政所《まどころ》大輔、三船恒裕《のぶひろ》、宮川真璃といった共著者に日々の刺激と研究の機会を与えてくださることに深くお礼を申し上げたい。特に、稲増一憲、小浜祥子のご両名には過去五年以上にわたってプロダクティブな共同研究をともにしてきていただいている。お二人には重ねて感謝を表したいと思う。

そしてこれら共同研究を支えてくださった公的資金（日本学術振興会・科学研究費、同・課題設定による先導的人文学・社会科学研究推進事業、同・二国間交流事業）と民間資金（旭硝子財団、サントリー文化財団、社会科学国際交流江草基金、大和英日財団、野村財団、村田学術振興財団）に厚く感謝を申し上げる。われわれにとって温かい社会のご支援は「希望の光」である。

また、富士通ＪＡＩＭＳの主催するGlobal Leaders for Innovation and Knowledge（ＧＬＩＫ）で、アジア太平洋地域から参集した社会人に、半年ごと年二回、国際安全保障に関する講義を行う機会を得てきたこともさまざまな形で本書に生きている。必ずしも国際関係に興味のない人に、または間接的にしか戦争と平和にかかわらないと思っている人に科学的な国際政治学の議論が少しでも届いたとすれば、その背景にＧＬＩＫでの講師経験があると思う。加えて、京都大学の鈴木基史《もとし》、神戸大学の石黒馨の両先生が主催する数理・計量国際政治学のワークショップの存在は科学的な国際政治学を行うにあたって、常に後ろ盾であった。深く感謝を申し上げたい。また、早稲田大学政治経済学術院のみなさん、そして前任校である神戸大学大学院法学研究科にゆかりのあるみなさんには充実した研究環境を与えていただけてきたことに心から感謝を申し上げたいと思う。早稲田大学と神戸大学は日本における実証的な政治学研究教育の拠点であると思うが、その維持と拡充のため、自分も汗をかかねばと思う。

同世代（または僕より若い世代）の数理・計量データを用いて政治学を研究されるみなさん、伊藤岳、岩波由香里、上田路子、大槻一統、大林一広、鹿毛利枝子、籠谷公司、久保慶一、久保田徳仁、栗崎周平、古賀純、宋財法《ソンジヒョン》、ソン・ユンギュ、高橋百合子、チョン・フン、日野愛郎、広瀬健太郎、藤村直史、矢内勇生、渡辺耕平の各位にも日ごろからとてもお世話になっている。ここに厚くお礼を申し上げる。

神戸大学で多湖研究室・CROP-ITの研究活動を支えていてくださったみなさん、早稲田大学で多湖ゼミ一期生〜二期生になってくださったみなさんに感謝を申し上げる。そして、本書の草稿を読んでいただいた方々、特に砂原庸介と矢内勇生の両氏に感謝したい。お二人の指摘で数々の間違いを修正できたが、この書に残る問題点は当然ながら著者のみにある。また、中公新書の上林達也氏にお礼を申し上げる。氏の的確な導きなく、新書を書くことはまったくできなかった。

最後に、父・滋と母・真知子、義父・鳥井克彦と義母・鳥井ひろこ、「Double K」タグのついた素敵な洋服を作ってくれることを通じてたくさんの愛情を表現してくれるサリーさんこと妻・里紗、三歳からナッシュ均衡の定義も暗記し（もとい、暗記させられ）、日々勉強に遊びに剣道にとよく頑張っていてとても頼もしい息子・浬、そして溺愛パパに甘やかされ、ゆえにちょっと我儘なものの自分に真っ直ぐで素敵なお姫様・紺夏に対して心から感謝し、彼らに本書を捧げたい。

僕らと彼らの生きる世界が平和でありますように。そして戦争と平和をめぐる科学的な政治学の知見がその実現において少しでも役に立ちますように。

多湖　淳

Weeks, Jessica L. P. 2014. *Dictators at War and Peace,* Ithaca: Cornell University Press.
Wright, Quincy. 1942. *A Study of War*, Chicago: The University of Chicago Press.

●邦文文献

浅古泰史．2018.『ゲーム理論で考える政治学　フォーマルモデル入門』有斐閣
岡田章・鈴木基史編．2013.『国際紛争と協調のゲーム』有斐閣
小野寺史郎．2017.『中国ナショナリズム　民族と愛国の近現代史』中公新書
栗崎周平．2017.「集団的自衛権と安全保障のジレンマ」『年報政治学（II）』, 36-64 頁
ケネス・ウォルツ（河野勝・岡垣知子訳）．2010.『国際政治の理論』勁草書房
河野勝．2018.『政治を科学することは可能か』中央公論新社
古賀誠．2019.『憲法九条は世界遺産』かもがわ出版
小菅信子．2005.『戦後和解　日本は〈過去〉から解き放たれるのか』中公新書
小浜祥子・稲増一憲．2019.「広報外交の政治心理学実験」，大渕憲一編『紛争と和解を考える』誠信書房，97-120 頁.
多湖淳．2010.『武力行使の政治学　単独と多角をめぐる国際政治とアメリカ国内政治』千倉書房
多湖淳．2011.「国際政治学における計量分析『オペレーションズ・リサーチ』, 56(4)，215-220
秦郁彦．2007.『南京事件　「虐殺」の構造』中央新書、増補版
服部龍二．2018.『高坂正堯－戦後日本と現実主義』中公新書
半藤一利．1995.『日本のいちばん長い日 運命の八月十五日 決定版』文藝春秋
福島啓之．2019.「敗者の安心供与としての日本国憲法第九条」『国際政治』, 195 号，75-91 頁
フレイヴェル，テイラー．2019.（松田康博監訳）『中国の領土紛争　武力行使と妥協の論理』勁草書房
山影進．2008.『人工社会構築指南』改訂新版，書籍工房早山

Quek, Kai and Alastair Iain Johnston. 2017/18. Can China Back Down? Crisis De-escalation in the Shadow of Popular Opposition. *International Security*, 42(3), 7-36.

Renshon, Jonathan. 2017. *Fighting for Status, Hierarchy and Conflict in World Politics,* New York: Princeton University Press.

Reiter, Dan, and Allan C. Stam. 2002. *Democracies at War,* Princeton, Princeton University Press.

Ruggeri, Andrea, Han Dorussen and Ismene Gizelis. 2017. Winning the Peace Locally: UN Peacekeeping and Local Conflict. *International Organization* 71(1), 163-185.

Rummel, Rudolph J. 1997. *Power Kills: Democracy as a Method of Nonviolence,* New Brunswick, Transaction Publishers.

Salvatore, Jessica Di and Andrea Ruggeri. 2017. Effectiveness of Peacekeeping Operations. Oxford Research Encyclopedia of Politics. Ed. Retrieved 30 Sep. 2018, from http://oxfordre.com/politics./view/10.1093/acrefore/9780190228637.001.0001/acrefore-9780190228637-e-586.

Schultz, Kenneth A. . 2001. Looking for Audience Costs. *The Journal of Conflict Resolution* 45(1), 32-60.

Singer, J. David. 1987. Reconstructing the Correlates of War Dataset on Material Capabilities of States, 1816-1985. *International Interactions* 14, 115-132.

Singer, J. David. 2012. *Advancing Peace Research: Leaving Traces, Selected Articles by J. David Singer* (Edited by Jody B. Lear, Diane Macaulay, Meredith Reid Sarkees), New York: Routledge.

Tago, Atsushi. 2007 Why Do States Join US-led Military Coalitions? *International Relations of the Asia-Pacific* 7(2), 179-202.

Tago, Atsushi. 2009. When Are Democratic Friends Unreliable?: The Unilateral Withdrawal of Troops from the Coalition of the Willing. *Journal of Peace Research* 46(2), 219-234.

Tanaka, Seiki, Atsushi Tago and Kristian Skrede Gleditsch. 2017. Seeing the Lexus for the Olive Trees? Public Opinion, Economic Interdependence, and Interstate Conflict. *International Interactions* 43(3), 375-396.

Vasquez, John. 2009. *The War Puzzle Revisited,* Cambridge: Cambridge University Press.

Waltz, Kenneth. 1979. *Theory of International Politics*, New York: McGraw-Hill.

Nations peacekeeping dynamics and the duration of post-civil conflict peace. *Conflict Management and Peace Science* 33(3), 231-249.

Jo, Dong-Joon, and Erik Gartzke. 2007. Determinants of Nuclear Weapons Proliferation: A Quantitative Model. *The Journal of Conflict Resolution* 51, 167-194.

Kohama, Shoko, Kazunori Inamasu and Atsushi Tago. 2017. To Denounce, or Not To Denounce: Survey Experiments on Diplomatic Quarrels. *Political Communication*, 34(2), 243-260.

Kuperman, Alan J. 2001. *The Limits of Humanitarian Intervention: Genocide in Rwanda* Washington DC.: Brookings Institution Press.

Lake, David A. 1992. Powerful Pacifists: Democratic States and War, *American Political Science Review* 86(1), 24-37.

Lemke, Douglas. 2002. *Regions of War and Peace*, New York: Cambridge University Press.

Lu, Lingyu, and Cameron Thies. 2010. Trade Interdependence and the Issues at Stake in the Onset of Militarized Conflict. *Conflict Management and Peace Science* 27, 347-368.

Mansfield, Edward D. and Jack Snyder. 1995. Democratization and the Danger of War. *International Security* 20(1), 5-38.

Maoz, Zeev. 2004. Pacifism and Fightaholism in International Politics: A Structural History of National and Dyadic Conflict, 1816-1992. *International Studies Review* 6(4), 107-133.

Maoz, Zeev and Bruce Russett. 1993. Normative and Structural Causes of Democratic Peace, 1946-1986. *American Political Science Review* 87(3), 624-638.

Maoz, Zeev, Paul L. Johnson, Jasper Kaplan, Fiona Ogunkoya, and Aaron P. Shreve. 2019. The Dyadic Militarized Interstate Disputes (MIDs) Dataset Version 3.0: Logic, Characteristics, and Comparisons to Alternative Datasets, *The Journal of Conflict Resolution* 63(3): 811-835.

Mattes, Michaela. 2018. Chipping Away at the Issues: Piecemeal Dispute Resolution and Territorial Conflict. *The Journal of Conflict Resolution* 62(1), 94-118.

Mifune, Nobuhiro, Kazunori Inamasu, Shoko Kohama, Yohsuke Ohtsubo, and Atsushi Tago. 2019. Social Dominance Orientation as an Obstacle to Intergroup Apology. *PLoS ONE* 14(1), e0211379. https://doi.org/10.1371/journal.pone.0211379.

Organization 49(3), 379-414.
Fearon, James. 2004. Why Do Some Civil Wars Last So Much Longer Than Others?. *Journal of Peace Research* 41(3), 275-301.
Fordham, Benjamin O. and Paul Poast. 2016. All Alliance Are Multilateral: Rethinking Alliance Formation. *The Journal of Conflict Resolution* 60(5), 840-865.
Fortna, Virginia P. 2003. Scraps of Paper? Agreements and the Durability of Peace. *International Organization* 57(2), 337-372.
Fortna, Virginia P. 2008. *Does Peacekeeping Work? Shaping Belligerents' Choices after Civil War,* Princeton: Princeton University Press.
Gartzke, Erik. 2007. The Capitalist Peace. *American Journal of Political Science* 51(1), 166-191.
Gibler, Douglas M. 2012. *The Territorial Peace: Borders, State Development, and International Conflict,* Cambridge: Cambridge University Press.
Gilligan, Michael, and Stephen John Stedman. 2003. Where Do the Peacekeepers Go? *International Studies Review* 5(4), 37-54.
Gleditsch, Kristian Skrede and Michael Ward. 2006. Diffusion and the International Context of Democratization. *International Organization* 60(4), 911-933.
Guo, Weisi, Kristian Skrede Gleditsch and Alan Wilson. 2018. Retool AI to forecast and limit wars: Using artificial intelligence to predict outbursts of violence and probe their causes could save lives. *Nature* 562, 331-333.
Hegre, Håvard, Joakim Karlsen, Håvard Mokleiv Nygård, Håvard Strand and Henrik Urdal. 2013. Predicting Armed Conflict, 2010-2050. *International Studies Quarterly* 57(2): 250-270.
Hegre, Håvard, Mihai Croicu, Kristine Eck and Stina Högbladh. 2018. Introducing the UCDP-Candidate Events Dataset and the ViEWS Outcomes dataset. Monthly updated organized violence data in the form of events data as well as aggregated to the country-month and PRIO- GRID-month level. Typescript Uppsala University. [http://www. pcr.uu.se/research/views/downloads/]
Hultman, Lisa, Jacob D., Kathman and Megan Shannon. 2014. Beyond Keeping Peace: United Nations Effectiveness in the Midst of Fighting. *American Political Science Review* 108(4), 737-753.
Hultman, Lisa, Jacob D., Kathman and Megan Shannon. 2016. United

主要参考文献

●欧文文献

Angell, Norman. 1913. *The great illusion; a study of the relation of military power to national advantage*, New York and London: G.P. Putnam's sons.

Bannon, Ian and Paul Collier. 2003. *Natural Resources and Violent Conflict: options and actions,* Washington, DC: The World Bank.

Beardsley, Kyle. 2013. The UN at the peacemaking-peacebuilding nexus. *Conflict Management and Peace Science* 30(4), 369-386.

Beardsley, Kyle and Kristian Skrede Gleditsch. 2015. Peacekeeping as Conflict Containment. *International Studies Review* 17(1), 67-89.

Cederman, Lars-Erik; Kristian Skrede Gleditsch and Halvard Buhaug. 2013. *Inequality, Grievances, and Civil War,* Cambridge: Cambridge University Press.

Choi, Seung-Whan and Patrick James. 2007. Media Openness, Democracy and Militarized Interstate Disputes. *British Journal of Political Science* 37(1), 23-46.

Colaresi, Michael. 2014. *Democracy Declassified: The Secrecy Dilemma in World Politics,* Oxford University Press.

Dafoe, Allan. 2011. Statistical Critiques of the Democratic Peace: Caveat Emptor. *American Journal of Political Science*. 55(2), 247-262.

Diehl, Paul, Reifschneider, Jennifer, and Paul Hensel. 1996. United Nations intervention and recurring conflict. *International Organization* 50(4), 683-700.

Doyle, Michael W, and Nicholas Sambanis. 2006. *Making War and Building Peace: United Nations Peace Operations,* Princeton: Princeton University Press.

Fang, Songying, Daina Chiba, Xiaojun Li and Atsushi Tago. 2018. Territorial Indivisibility and Public Preference for Dispute Resolution: Evidence from Japan. Typescript Rice University. [https://www.songyingfang.com/uploads/1/1/7/9/11792230/jsurvey.pdf]

Fearon, James. 1995. Rationalist Explanations for War. *International*

多湖 淳（たご・あつし）

1976年静岡県生まれ．早稲田大学政治経済学術院教授．1999年東京大学教養学部卒業．2004年東京大学大学院総合文化研究科（国際社会科学専攻）博士課程単位取得退学．2007年2月東京大学より博士号（学術）取得．神戸大学大学院法学研究科准教授などを経て現職．2017年からオスロ平和研究所（PRIO）グローバルフェロー．第16回（令和元年度）日本学術振興会賞受賞．
著書『武力行使の政治学』（千倉書房，2010年）
共著『政治学の第一歩』（有斐閣，2015年）など

戦争《せんそう》とは何《なに》か
中公新書 *2574*

2020年1月25日発行

著者 多湖 淳
発行者 松田陽三

本文印刷 三晃印刷
カバー印刷 大熊整美堂
製本 小泉製本

発行所 中央公論新社
〒100-8152
東京都千代田区大手町 1-7-1
電話 販売 03-5299-1730
編集 03-5299-1830
URL http://www.chuko.co.jp/

Published by CHUOKORON-SHINSHA, INC.
Printed in Japan ISBN978-4-12-102574-6 C1231

中公新書刊行のことば

一九六二年一一月

いまからちょうど五世紀まえ、グーテンベルクが近代印刷術を発明したとき、書物の大量生産は潜在的可能性を獲得し、いまからちょうど一世紀まえ、世界のおもな文明国で義務教育制度が採用されたとき、書物の大量需要の潜在性が形成された。この二つの潜在性がはげしく現実化したのが現代である。

いまや、書物によって視野を拡大し、変りゆく世界に豊かに対応しようとする強い要求を私たちは抑えることができない。この要求にこたえる義務を、今日の書物は背負っている。だが、その義務は、たんに専門的知識の通俗化をはかることによって果たされるものでもなく、通俗的好奇心にうったえて、いたずらに発行部数の巨大さを誇ることによって果たされるものでもない。現代を真摯に生きようとする読者に、真に知るに価いする知識だけを選びだして提供すること、これが中公新書の最大の目標である。

私たちは、知識として錯覚しているものによってしばしば動かされ、裏切られる。私たちは、作為によってあたえられた知識のうえに生きることがあまりに多く、ゆるぎない事実を通して思索することがあまりにすくない。中公新書が、その一貫した特色として自らに課すものは、この事実のみの持つ無条件の説得力を発揮させることである。現代にあらたな意味を投げかけるべく待機している過去の歴史的事実もまた、中公新書によって数多く発掘されるであろう。

中公新書は、現代を自らの眼で見つめようとする、逞しい知的な読者の活力となることを欲している。

中公新書

経済・経営

g1

- 2000 戦後世界経済史 猪木武徳
- 2185 経済学に何ができるか 猪木武徳
- 1936 アダム・スミス 堂目卓生
- 2374 シルバー民主主義 八代尚宏
- 2502 日本型資本主義 寺西重郎
- 2228 日本の財政 田中秀明
- 2307 ベーシック・インカム 原田 泰
- 1896 日本の経済―歴史・現状・論点 伊藤 修
- 2388 人口と日本経済 吉川 洋
- 2338 財務省と政治 清水真人
- 2541 平成金融史 西野智彦
- 2041 行動経済学 依田高典
- 2501 現代経済学 瀧澤弘和
- 1658 戦略的思考の技術 梶井厚志
- 1871 故事成語でわかる経済学のキーワード 梶井厚志
- 1824 経済学的思考のセンス 大竹文雄
- 2045 競争と公平感 大竹文雄
- 2447 競争社会の歩き方 大竹文雄
- 1657 地域再生の経済学 神野直彦
- 2473 人口減少時代の都市 諸富 徹
- 1648 入門 環境経済学 日引 聡・有村俊秀
- 2571 アジア経済とは何か 後藤健太
- 2111 消費するアジア 大泉啓一郎
- 2506 中国経済講義 梶谷 懐
- 2219 人民元は覇権を握るか 中條誠一
- 2420 フィリピン―急成長する若き「大国」 井出穣治
- 2199 経済大陸アフリカ 平野克己
- 290 ルワンダ中央銀行総裁日記（増補版） 服部正也
- 2575 移民の経済学 友原章典

中公新書 1886

経済・経営

g2

中公新書

政治・法律

h2

- 108 国際政治（改版） 高坂正堯
- 1686 国際政治とは何か 中西　寛
- 2190 国際秩序 細谷雄一
- 1899 国連の政治力学 北岡伸一
- 2410 ポピュリズムとは何か 水島治郎
- 2207 平和主義とは何か 松元雅和
- 2195 入門 人間の安全保障 長　有紀枝
- 2394 難民問題 墓田　桂
- 2133 文化と外交 渡辺　靖
- 113 日本の外交 入江　昭
- 1000 新・日本の外交 入江　昭
- 2402 現代日本外交史 宮城大蔵
- 2366 入門 国境学 岩下明裕
- 1825 北方領土問題 岩下明裕
- 2405 欧州複合危機 遠藤　乾
- 2568 中国の行動原理 益尾知佐子
- 2172 中国は東アジアをどう変えるか 白石　隆 ハウ・カロライン
- 700 戦略的思考とは何か（改版） 岡崎久彦
- 2215 戦略論の名著 野中郁次郎編著
- 721 地政学入門（改版） 曽村保信
- 2566 海の地政学 竹田いさみ
- 2450 現代日本の地政学 日本再建イニシアティブ
- 2532 シンクタンクとは何か 船橋洋一
- 1272 アメリカ海兵隊 野中郁次郎
- 2574 戦争とは何か 多湖　淳
- 2576 内戦と和平 東　大作

中公新書

科学・技術